Rolf Meier
Seminare erfolgreich durchführen

Dr. Rolf Meier, Hürth (b. Köln), studierte Pädagogik und promovierte in Didaktik. Nach langjähriger Arbeit in der Erwachsenenpädagogik an der Hochschule sowie weiteren Bildungseinrichtungen arbeitet er heute als Geschäftsführer der Transfer GmbH. Seine Beratungs- und Schulungsschwerpunkte sind: Optimierung von Lehr- und Lernprozessen, Train-the-Trainer, Bildungscontrolling, Personalentwicklung, neue Lernwege sowie E-Learning.

Rolf Meier

Seminare
erfolgreich durchführen

Mit Videofallbeispielen und einer
Methodensammlung auf CD-ROM

Bibliografische Information der Deutschen Bibliothek

Die Deutsche Bibliothek verzeichnet diese Publikation in der Deutschen Nationalbibliografie; detaillierte bibliografische Daten sind im Internet über http://dnb.ddb.de abrufbar.

ISBN 3-89749-353-5

Lektorat: Frank-Michael Rommert, Librofaktur.de, Lohmar
Umschlaggestaltung: +Malsy Kommunikation und Gestaltung, Bremen
Umschlagfoto: Zefa Visual Media, Hamburg
Layout, Satz, Grafiken: Sascha Müller-Harmsen, Librofaktur.de, Lohmar
Cartoons: Thees Carstens, Witten
Druck und Bindung: Salzland Druck, Staßfurt

www.gabal-verlag.de

Inhalt

Prof. Jürgen Hille
Diplom-Psychologe
Psychologischer Psychotherapeut, Supervisor DGSv
Schlankreye 34, 20144 Hamburg
Telefon: 040 422 49 18 Fax: 040 422 49 88
E-mail: juergen@hilleconsult.de

Vorwort   9

Zu diesem Buch   10

1   Seminare beginnen   11
1.1   Auf ein Seminar einstimmen   12
1.2   Teilnehmer begrüßen   16
1.3   Vorstellung organisieren   19
1.4   Ziele, Inhalte und Erwartungen absprechen   22
1.5   Umgang miteinander abstimmen   25
1.6   Umsetzung   27
1.7   Fragen zum Verständnis   28
1.8   Planungsaufgabe   29
1.9   Reflexionsaufgabe   31

2   Vorträge halten   33
2.1   Vortrag strukturieren   34
2.2   Vorträge beginnen   35
2.3   Hauptteil gliedern   35
2.4   Den Schluss gestalten   41
2.5   Auf Verständlichkeit achten   42
2.6   Vortrag kurz halten   44
2.7   Frei vortragen   44
2.8   Auf Sprechtechnik achten   45
2.9   Mimik, Gestik und Körpersprache einsetzen   48
2.10   Teilnehmer einbeziehen   54
2.11   Umsetzung   56
2.12   Fragen zum Verständnis   57
2.13   Planungsaufgabe   58
2.14   Reflexionsaufgabe   59

3   Unterrichtsgespräche führen   61

3.1   Form des Unterrichtsgespräches auswählen   62

3.2   Unterrichtsgespräch strukturieren   63

3.3   Gespräche steuern   64

3.4   Frageformen auswählen   70

3.5   Fragen richtig einsetzen   73

3.6   Fragen richtig stellen   75

3.7   Diskussionen leiten   79

3.8   Umsetzung   80

3.9   Fragen zum Verständnis   81

3.10   Planungsaufgabe   82

3.11   Reflexionsaufgabe   83

4   Übungen durchführen   85

4.1   Übungen im Unterricht einbauen   86

4.2   Übungen richtig einsetzen   86

4.3   Einzelarbeit als Übungsmethode nutzen   90

4.4   Partnerarbeit als Übungsmethode nutzen   92

4.5   Gruppenarbeit als Übungsmethode nutzen   93

4.6   Übungsformen im Unterricht einsetzen   94

4.7   Spiele im Unterricht einsetzen   95

4.8   Umsetzung   97

4.9   Fragen zum Verständnis   98

4.10   Planungsaufgabe   99

4.11   Reflexionsaufgabe   100

5   Medien einsetzen   101

5.1   Medien richtig einsetzen   102

5.2   Mit dem Overheadprojektor arbeiten   102

5.3   Mit dem Flipchart arbeiten   105

5.4   Mit der Stellwand arbeiten   106

5.5   Mit dem Beamer arbeiten   107

5.6   Umsetzung   108

5.7   Fragen zum Verständnis   109

5.8   Reflexionsaufgabe   110

6   Lerngruppen moderieren   111

6.1   Moderation vorbereiten   112

6.2   Moderationstechniken einsetzen   113

6.3   Ganze Unterrichtssequenzen moderationsgestützt
gestalten   117

6.4   Umsetzung   119

6.5   Fragen zum Verständnis   120

6.6   Planungsaufgabe   121

7   Teilnehmer motivieren   123

7.1   Motive von Teilnehmern erkennen   124

7.2   Möglichkeiten der Motivationssteigerung nutzen   126

7.3   Mit mangelnder Motivation umgehen   128

7.4   Umsetzung   132

7.5   Fragen zum Verständnis   133

7.6   Planungsaufgabe   134

7.7   Reflexionsaufgabe   135

8   Lernklima verbessern   137

8.1   Verantwortung für das eigene Verhalten übernehmen   138

8.2   Direkt kommunizieren   139

8.3   Als Dozent richtig verhalten   141

8.4   Beziehungen bewusst gestalten   147

8.5   Seminarklima ermitteln   151

8.6   Seminarklima verbessern   153

8.7   Umsetzung   155

8.8   Fragen zum Verständnis   156

8.9   Planungsaufgabe   157

8.10   Reflexionsaufgabe   158

9   Problemen in der Lerngruppe begegnen   159

9.1   Auf die emotionale Seite achten   160

9.2   Entstehung von Konflikten erkennen   160

9.3   Missverständnisse aufklären   163

9.4   Mit Problemen in der Lerngruppe umgehen   165

9.5   Angriffe gegen die Person abwehren   170

9.6   Angriffe gegen die Sache abwehren   173

9.7   Schwierige Situationen in den Griff bekommen   177

9.8   Mit schwierigen Teilnehmern umgehen   178

9.9   Problemgespräche führen   180

9.10   Umsetzung   184

9.11   Fragen zum Verständnis   185

9.12   Reflexionsaufgabe   186

10   Seminare abschließen   187

10.1   Aus Seminaren lernen   188

10.2   Auswertungsmethoden richtig verwenden   189

10.3   Umsetzung des Gelernten vorbereiten   193

10.4   Seminare abschließen   195

10.5   Seminare nachbereiten   196

10.6   Umsetzung   200

10.7   Fragen zum Verständnis   201

10.8   Planungsaufgabe   202

10.9   Reflexionsaufgabe   203

11   Glossar didaktisch-methodischer Fachbegriffe   205

Literaturverzeichnis   219

Stichwortverzeichnis   220

Vorwort

Voraussetzung für erfolgreiche Seminare ist eine gute Planung. Diese Planung nützt aber wenig, wenn man sie nicht richtig umsetzt. Diese Umsetzung betrifft die methodische Gestaltung des Unterrichts – von der ersten bis zur letzten Minute. Sie betrifft aber auch einen gezielten Medieneinsatz.

Schließlich geht es in Seminaren nicht nur darum, Stoff effektiv zu vermitteln. Es geht auch um eine gute Motivation der Teilnehmer* und um ein anregendes Arbeitsklima. Außerdem gilt es, souverän mit Problemen umzugehen, die aus dem Zusammentreffen unterschiedlicher Teilnehmer oder im Umgang mit einzelnen Teilnehmern entstehen. Diese psychologischen Aspekte des Unterricht sind mitentscheidend für einen guten Lernerfolg.

Was man bei der Durchführung von Seminaren alles beachten muss, erfahren Sie in dieser Arbeitshilfe. Das Buch wendet sich an alle, die sich mit Interesse und Engagement der ebenso anspruchsvollen wie interessanten Aufgabe widmen, anderen etwas beizubringen. Es richtet sich damit einerseits an Dozenten, Trainer, Referenten und Ausbilder sowie andererseits an Verantwortliche, die in Bildungseinrichtungen und Fortbildungsreferaten Seminare vorbereiten und eröffnen, Vorgespräche mit den Dozenten führen und ihnen Feedback geben. Allen diesen Multiplikatoren ist dieses Buch gewidmet.

Dr. Rolf Meier, Hürth

---

* Aus Gründen der Einfachheit habe ich jeweils meist die männliche Form verwendet. Die Teilnehmerinnen, Dozentinnen, Ausbilderinnen, Trainerinnen, Referentinnen, Multiplikatorinnen etc. sind immer mitgemeint.

Zu diesem Buch

Icons Um Ihnen die Arbeit zu erleichtern, haben wir unterschiedliche Arbeits- und Umsetzungshilfen eingebaut. Sie erkennen sie an folgenden Icons:

besonders wichtig

Checkliste oder Arbeitshilfe

Beispiel

Umsetzungsaufgabe

CD-ROM Auf der beiliegenden CD-ROM finden Sie eine umfangreiche Sammlung von Methoden für alle Phasen des Unterrichts sowie Videofallbeispiele, mit denen Sie Ihr Wissen überprüfen können. Starten Sie einfach per Doppelklick auf die Datei *Videos.pdf* bzw. *Methoden.pdf*. Die Daten liegen im pdf-Format vor und können dadurch auf verschiedenen Plattformen betrachtet werden (z. B. Windows, Mac OS, Linux, Unix). Sie benötigen dazu den Adobe Acrobat Reader ab der Version 3. Die Version 4.0 finden Sie auf der CD-ROM.

Alles Wissenswerte über die Planung des Unterrichts erfahren Sie in einem zweiten Arbeitsbuch mit dem Titel *Seminare erfolgreich planen – Ein didaktisch-methodischer Handwerkskoffer* (Offenbach: GABAL Verlag 2003).

Zertifikat Falls Sie die Arbeitshilfe zur systematischen Einarbeitung in das Thema Unterrichtsdurchführung nutzen wollen, können Sie ein Zertifikat über den qualifizierten Abschluss dieses Selbstlernkurses erhalten. Die Voraussetzung ist, dass Sie die Fragen zum Verständnis sowie die Reflexions- und Planungsaufgaben am Ende jedes Kapitels ausfüllen und zur Korrektur einsenden. Näheres dazu finden Sie im Internet unter www. dozentenforum.de oder schreiben Sie an Transfer GmbH, Herrn Dr. Rolf Meier, Otto-Hahn-Str. 4, 50354 Hürth.

Wir wünschen Ihnen viel Erfolg beim Anwenden des Gelernten.

1 Seminare beginnen

Die ersten Minuten bilden für viele Dozenten die schwierigste Phase im Seminar. Man ist nervös, vielleicht zweifelt mancher sogar an seinem Können und dem Erfolg. Eine gute Vorbereitung, die richtige Einstellung und ein gelungener Anfang helfen Ihnen, diese Unsicherheit abzubauen.

Nun steht das Seminar vor der Tür. Der Anfang eines Seminars ist besonders wichtig. Gleich zu Beginn sollte es nicht zu Pannen kommen. Außerdem sollten die Teilnehmer sofort ein positives Bild von Ihrer Person und Ihrer Seminarorganisation gewinnen.

Der Seminarbeginn ist zugleich die erste und beste Gelegenheit, zusammen mit den Teilnehmern einen günstigen Rahmen für die gemeinsame Arbeit zu finden, Informationen über die Teilnehmer zu sammeln und Absprachen über Ziele, Inhalte, Arbeitszeiten und den Umgang miteinander zu treffen.

Dieses Kapitel liefert Ihnen Antworten auf Fragen wie:
- Wie sorge ich für einen guten Anfang?
- Was gehört noch zu der Eingangsphase eines Seminars?

1.1 Auf ein Seminar einstimmen

Welcher Dozent kennt sie nicht, die Angst vor dem Anfang, die Furcht, ob das Seminar nicht doch schief geht?

Nervosität ist normal Wahrscheinlich gibt es keinen Dozenten, der bei seinem ersten Seminar nicht nervös war. Auch »alte Hasen« haben schon mal »Hummeln im Bauch«, wenn ein neues Seminar beginnt oder sich während des Seminars schwierige Situationen ergeben. Schwitzen, zittern, stottern, schwer atmen, unkontrollierte Bewegungen, zu schnelles Sprechen, Blackouts und Rotwerden sind typische Anzeichen für Nervosität.

Lampenfieber gehört dazu *Nervosität* ist nichts Schlimmes, das man unbedingt bekämpfen muss. Im Gegenteil: Nervosität gehört dazu. Sie zeigt, dass Sie das neue Seminar als Herausforderung erleben, und eine solche sollte es auch sein. *Lampenfieber* ist somit erst einmal positiv zu bewerten. Nervosität ist nur dann unangenehm, wenn sie sich auf Ihr Verhalten auswirkt: Sie wissen nicht, wohin mit Ihren Händen, Ihre Stimme versagt.

Unsicherheit akzeptieren Das Beste, was Sie tun können: Akzeptieren Sie Ihre Unsicherheit. Sie gehört dazu. Dieser Rat hilft einem aber wenig, wenn man merkt, dass man vor dem Seminar immer nervöser wird.

Drei Ratschläge Was können Sie sonst noch tun? Drei Ratschläge bilden die Basis:

1. *Bereiten Sie sich inhaltlich gut auf das Seminar vor.*

   Je besser Sie vorbereitet sind, desto weniger Angst brauchen Sie vor Fragen zu haben, die Sie nicht beantworten können, oder vor Teilnehmern, die Sie »austesten« wollen. Eine gute Vorbereitung gibt außerdem *Sicherheit*, notfalls auch in der Lage zu sein, den Unterrichtsverlauf zu ändern.

2. *Bereiten Sie den Lernstoff gut auf.*

   Suchen Sie vor allem nach einem motivierenden Einstieg. Dann haben Sie die Teilnehmer gleich auf Ihrer Seite.

3. *Seien Sie früh genug im Seminarraum.*

   Überzeugen Sie sich, dass alle Medien vorhanden sind und funktionieren. Legen Sie sich Ihre Unterlagen so zurecht, dass Sie nicht gleich zu Beginn des Seminars anfangen müssen zu suchen.

Es gibt drei weitere wichtige Prinzipien, die die Seminarplanung betreffen. Auch wenn Sie Anfänger sind, sollten Sie versuchen, von vornherein auf diese Prinzipien zu achten. Sie erleichtern wesentlich das Lernen und machen Ihnen den Einstieg leichter.

Drei weitere Prinzipien

1. Aktivieren Sie die Teilnehmer.
2. Schaffen Sie einen Bezug zur (beruflichen) Situation der Teilnehmer.
3. Nutzen Sie im Unterricht die vielfältigen Erfahrungen der Teilnehmer.

Machen Sie sich besonders ausführlich Gedanken darüber, wie Sie die ersten Minuten des Seminars gestalten wollen.

Sich einstimmen

- Stellen Sie sich in Gedanken auf das Seminar ein. Gehen Sie es Schritt für Schritt durch. Schreiben Sie sich wichtige Sätze wörtlich auf – zum Beispiel Anfänge, Übergänge oder Abschlüsse.
- Vielleicht lernen Sie solche Sätze auch auswendig (aber leiern Sie diese Sätze später im Unterricht bitte nicht einfach herunter).
- Sagen Sie sich, dass Sie gut sind. Denn wenn Sie kein Fachmann wären, würden Sie nicht als Dozent auftreten können.

Noch einige Hilfen für die Zeit unmittelbar vor und nach Beginn des Seminars:

Tipps für einen guten Start

- Beschäftigen Sie sich nicht bis in die letzte Sekunde mit Ihrem Unterricht. Entspannen Sie sich, ruhen Sie sich aus.
- Teilen Sie Kärtchen und Stifte aus, damit die Teilnehmer Namensschilder anfertigen können. Stellen Sie auch auf Ihren Tisch ein Namensschild – wenn Sie möchten, auch mit Ihrem Vornamen.
- Wechseln Sie, bevor Sie mit dem Unterricht beginnen, einige Worte mit den Teilnehmern.
- Suchen Sie sich zu Beginn des Seminars einen freundlichen Teilnehmer und fassen Sie ihn ins Auge. Vielleicht finden Sie jemanden, mit dem Sie vor dem Unterricht einige nette Worte gewechselt haben.
- Lernen Sie den ersten Satz auswendig. Vermeiden Sie im ersten Satz Wörter, die schwer auszusprechen sind.
- Arbeiten Sie am Anfang auf dem Overheadprojektor mit fertigen Folien oder auf dem Flipchart mit vorgeschriebenen Blättern. Dann schauen die Teilnehmer auf die Medien, Sie treten etwas in den Hintergrund.
- Planen Sie früh eine Phase ein, in der die Teilnehmer beschäftigt

sind (Einzelarbeit, Partnerarbeit, Gruppenarbeit, Videosequenz). Sie haben Zeit zu verschnaufen, und die Aufmerksamkeit der Teilnehmer ist auf die Erarbeitung des Stoffes gerichtet.

Bitte sehen Sie sich die folgenden vier Regeln für die Zeit kurz vor und nach Beginn des Seminars noch einmal an. Wie könnte man sie begründen?

1. Beschäftigen Sie sich nicht bis in die letzte Sekunde mit Ihrem Unterricht. Entspannen Sie sich, ruhen Sie sich aus.

2. Wechseln Sie, bevor Sie mit dem Unterricht beginnen, einige Worte mit den Teilnehmern.

3. Suchen Sie sich zu Beginn des Seminars einen freundlichen Teilnehmer und fassen Sie ihn ins Auge.

4. Lernen Sie den ersten Satz auswendig. Vermeiden Sie im ersten Satz Wörter, die schwer auszusprechen sind.

Die vier Regeln haben folgenden Hintergrund:

1. Wer sich bis in die letzte Sekunde mit der Vorbereitung seines Unterrichts beschäftigt, wird seine Nervosität nur schwer ablegen können.
2. Vorab mit den Teilnehmern einige Worte zu wechseln, trägt zu einer guten Gesprächsatmosphäre bei. Außerdem sehen Sie, dass Ihre Teilnehmer doch ganz nett sind.
3. Wenn ein Teilnehmer lächelt, fasst man das als Zustimmung auf. Das beruhigt.
4. Ein guter Einstieg hilft Ihnen, gut ins Seminar zu starten. Wenn Sie schon bei den ersten Worten stocken und stottern, werden Sie nur noch nervöser.

Nicht nur Sie sind aufgeregt, sondern auch Ihre Teilnehmer. Für die meisten ist ein Seminar eine ungewohnte Situation. Sie wissen nicht genau, was alles auf sie zukommt. Sie haben vielleicht Angst, nicht mitzukommen und sich zu blamieren.

Es ist deshalb sehr wichtig, gleich zu Beginn des Seminars eine Atmosphäre aufzubauen, die beiden Seiten die Angst nimmt. Die Teilnehmer sollten früh das Gefühl haben, dass sie nicht einen autoritären Lehrer vor sich haben, sondern einen kooperativen Dozenten, dem ein *partnerschaftlicher Umgang* wichtig ist.

Dazu gehören:

- Akzeptanz und Toleranz unterschiedlicher Ansichten und Meinungen
- Ermutigung in Bezug auf die Erreichbarkeit der Lernziele
- Eingehen auf Wünsche der Teilnehmer

Bestimmen Sie am Anfang des Seminars, wo es langgeht. Die Teilnehmer erwarten gerade zu Beginn eines Seminars von Ihnen eine *Orientierungshilfe*.

Halten Sie von Anfang an Blickkontakt mit Ihren Teilnehmern. Auch wenn es Ihnen schwer fällt, weil Sie nervös sind: Reden Sie nicht »über die Köpfe hinweg«. Bemühen Sie sich, die Teilnehmer von Beginn an mit Namen anzusprechen. Das schafft Verbindlichkeit und Nähe.

Denken Sie daran: Nervosität ist ein natürlicher Ausdruck der Unsicherheit, die ein Dozent zu Beginn eines Seminars hat, ja haben muss. Denn wenn man ein Seminar nicht (mehr) als Herausforderung betrachtet, verfällt man leicht in Routine. Das merken aber auch die Teilnehmer und sind dann mit Recht unzufrieden.

**Entspannungs-
techniken
können helfen**

Leiden Sie arg unter Nervosität, sollten Sie überlegen, ob Sie nicht eine Entspannungstechnik erlernen und dadurch zu mehr Ruhe und Sicherheit gelangen. Techniken wie das autogene Training haben gleichzeitig den Vorteil, über Müdigkeit hinwegzuhelfen. Diese Techniken versetzen den Organismus in einen entspannten Zustand. Angst auslösende Situationen können in diesem Zustand durchgespielt werden und verlieren langsam an Gewicht.

Ein kleiner Trick

Falls Ihnen das zu aufwendig ist, noch ein kleiner Trick: Stellen Sie sich vor, was schlimmstenfalls passieren kann. Sie werden sehen, dass dies erstens unwahrscheinlich und zweitens gar nicht so dramatisch ist.

Meist ist man als Dozent sehr schnell im Unterricht und zu beschäftigt, um überhaupt noch darüber nachzudenken, ob man noch nervös sein soll oder nicht.

1.2   Teilnehmer begrüßen

Sie haben sich gut vorbereitet und sind rechtzeitig fertig geworden. Alles ist in Ordnung. Nun können die Teilnehmer kommen.

Aber wie fangen Sie an? Am besten mit einer Begrüßung und der Vorstellung.

**Distanz
vermeiden**

Was Sie in jedem Fall vermeiden sollten: Einen Einstieg, bei dem die Teilnehmer gleich auf Distanz zu Ihnen gehen. Deshalb beginnen Sie nicht:

- mit einer Entschuldigung:

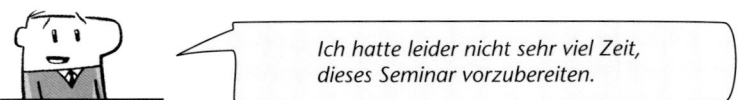

Ich hatte leider nicht sehr viel Zeit, dieses Seminar vorzubereiten.

■ mit einem Anfang vor dem Anfang:

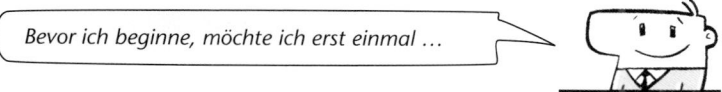

Bevor ich beginne, möchte ich erst einmal …

■ mit nichts sagenden Floskeln:

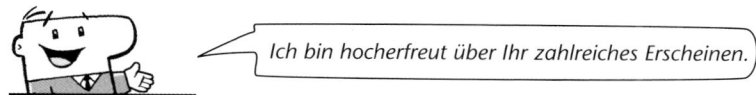

Ich bin hocherfreut über Ihr zahlreiches Erscheinen.

■ mit einem Eigenlob:

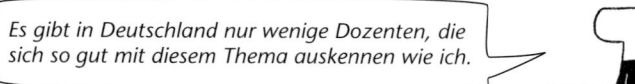

Es gibt in Deutschland nur wenige Dozenten, die sich so gut mit diesem Thema auskennen wie ich.

■ Und wählen Sie keinen Einstieg mit einem negativen Beigeschmack, wie etwa:

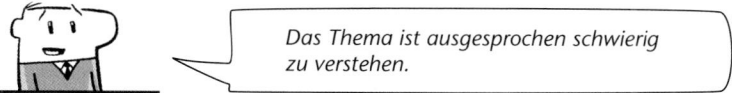

Das Thema ist ausgesprochen schwierig zu verstehen.

So etwas demotiviert die Teilnehmer bestenfalls.

Bei der *Begrüßung* gibt es unterschiedliche Möglichkeiten, die ihre Vor- und Nachteile haben.

Möglichkeiten der Begrüßung

Sehen Sie sich die Möglichkeiten der Begrüßung einmal an. Welche Vor- und Nachteile könnten sie haben?

1. Der Dozent steht an der Tür und begrüßt jeden eintretenden Teilnehmer mit Handschlag.
   Vorteile:

17

Nachteile:

_____

2. Der Dozent wartet, bis alle Teilnehmer Platz genommen haben. Er geht dann herum, um alle Teilnehmer mit Handschlag zu begrüßen.
   Vorteile:

_____

Nachteile:

_____

3. Der Dozent begrüßt die Teilnehmer bei Seminarbeginn mit einigen herzlichen Worten.
   Vorteile:

_____

Nachteile:

_____

4. Alle Teilnehmer treffen sich zuerst in der Cafeteria. Der Dozent geht von Tisch zu Tisch und begrüßt die Teilnehmer mit Handschlag.
   Vorteile:

_____

Nachteile:

_____

Natürlich und zwanglos Welche von diesen Möglichkeiten Ihnen liegt, können nur Sie selbst entscheiden. Wichtigstes Kriterium ist, dass die Begrüßung natürlich und zwanglos vonstatten geht. Falls Sie unsicher sind, begrüßen Sie am besten das ganze Plenum mit ein paar netten Worten zu Beginn des Seminars.

1.3 Vorstellung organisieren

Nach der Begrüßung erfolgt normalerweise die *Vorstellung*. Fangen Sie mit gutem Beispiel an. Denken Sie daran, dass Sie als Vorbild wahrgenommen werden: Ähnlich wie Sie sich vorstellen, werden sich auch die Teilnehmer vorstellen.

Selbst beginnen

Was gehört in eine Vorstellung hinein? Bitte schreiben Sie auf, welche Punkte Sie in Ihrer Vorstellung anschneiden und was Sie von den Teilnehmern wissen wollen:

Über meine Person würde ich berichten

_____

_____

Über die Teilnehmer würde ich gerne erfahren

_____

_____

Zu einer Vorstellung sollte der Name gehören, die Arbeitsstelle und die Aufgabe. Als Dozent könnte man noch etwas über seinen Werdegang berichten und erklären, warum man sich mit dem Seminarthema beschäftigt.

Inhalte der Vorstellung

Schließlich sollten Sie überlegen, ob Sie sich auch als »Privatmensch« vorstellen wollen:

Private Aspekte

- Wo wohnen Sie?
- Sind Sie verheiratet?
- Haben Sie Kinder?
- Welche Hobbys haben Sie?

Persönliche Angaben verringern die Distanz zwischen Dozent und Teilnehmern sowie zwischen den Teilnehmern untereinander. Man entdeckt Gemeinsamkeiten und hat schon ein Thema für das nächste Gespräch in der Pause.

Erfahrungen abfragen

Je nach Thema des Seminars ist es sinnvoll, nach weiteren Details zu fragen:

- Hat der Teilnehmer schon einmal an thematisch verwandten Seminaren teilgenommen?
- Hat er bereits Erfahrungen zum Thema?
- Wenn ja: Wie sehen diese Erfahrungen aus?

Überlegen Sie vorher, welche Informationen Sie von Ihren Teilnehmern benötigen, um das Seminar auf deren Situation auszurichten.

Vorstellungsrunde

Die *Vorstellung der Teilnehmer* lässt sich auf verschiedene Art organisieren. Die einfachste und besonders häufig genutzte Methode ist die *Vorstellungsrunde*. Jeder stellt sich der Reihe nach vor.

Die Hauptvorteile dieser Methode liegen darin, dass sie schnell durchzuführen ist, keiner Vorbereitung bedarf und die Teilnehmer sie kennen und erwarten. Den Hauptnachteil kennen Sie sicher aus eigenem Erleben: Das Unwohlsein, wenn Sie wissen, Sie kommen gleich dran (und ihr Vorredner hat gerade eine tolle Vorstellung geliefert).

Steckbrief

Eine weitere Möglichkeit ist der *Steckbrief*. Jeder Teilnehmer schreibt seine Daten auf ein Plakat und präsentiert das Plakat anschließend vor dem Plenum.

Beispiel für einen Steckbrief

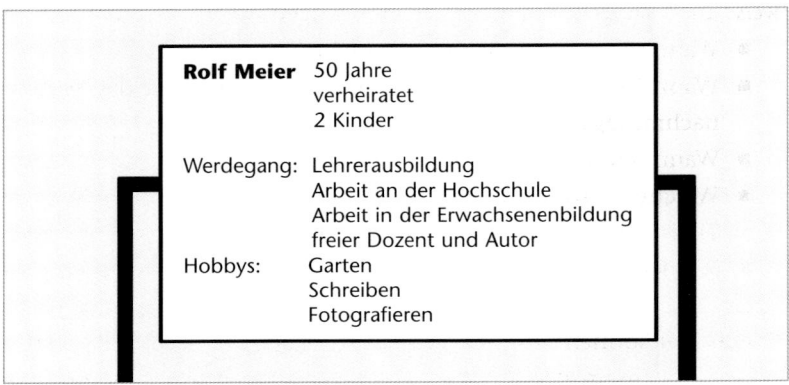

Rolf Meier 50 Jahre
verheiratet
2 Kinder

Werdegang: Lehrerausbildung
Arbeit an der Hochschule
Arbeit in der Erwachsenenbildung
freier Dozent und Autor
Hobbys: Garten
Schreiben
Fotografieren

Die Vorteile dieser Methode liegen in der Aktivierung der Teilnehmer: Alle sind beschäftigt. Außerdem kann man die Plakate im Seminarraum aufhängen, sodass bei Bedarf die eine oder andere Angabe nachgelesen werden kann. Nachteile sind die ungewohnte Form der Vorstellung und die anschließende Präsentation vor dem Plenum. Beides kann für ängstliche Teilnehmer eine Belastung sein.

Es gibt eine Variante dieser Methode, den so genannten *Gruppenspiegel:* Alle schreiben ihre Angaben auf ein großes Plakat.

Gruppenspiegel

Name	Wohnort	Beruf	Arbeitgeber
Paul Schrader	Bonn	Prokurist	Hoechst AG
Ilse Schmitz	Köln	Sekretärin	Uni Köln
Gerda Meier	Düsseldorf	Referentin	Arbeitsamt
Lutz Schulz	Münster	Beamter	Land NRW

Beispiel für einen Gruppenspiegel

Eine vierte Möglichkeit ist das *Partnerinterview.* Dabei stellt jeweils ein Teilnehmer seinen Tischnachbarn vor und umgekehrt.

Partnerinterview

Der Hauptnachteil dieser Methode besteht darin, dass sie viel Zeit kostet. Sie müssen mindestens fünf Minuten pro Interview rechnen, die Auswertung kommt noch hinzu. Der Vorteil ist, dass die Teilnehmer früh aktiv werden und miteinander reden. Auch die Auswertung läuft häufig entspannter ab als bei der »klassischen« Vorstellungsrunde.

An die Begrüßung und Vorstellung schließen sich *organisatorische Hinweise* an. Dazu gehören Antworten auf Fragen wie:

Organisatorische Hinweise

- Wann sind welche Pausen vorgesehen?
- Wann beginnt das Seminar morgens, wann endet das Seminar nachmittags?
- Wann und wo gibt es Essen?
- Welche Freizeitmöglichkeiten gibt es im Haus (Fernsehraum, Tischtennis, Kegeln, Gaststätte, Schwimmbad, Sauna)?
- Was kann man in der näheren Umgebung ansehen?

Bereits hier können Sie einen Hinweis anbringen, dass Sie gerne abends etwas gemeinsam mit den Teilnehmern unternehmen würden, ohne allerdings zu konkret zu werden. Die konkrete Planung sollte zu einem Zeitpunkt erfolgen, zu dem Sie bereits einen etwas besseren Kontakt mit den Teilnehmern haben.

1.4 Ziele, Inhalte und Erwartungen absprechen

Die ersten Minuten

Die ersten Minuten eines Seminars sind die wichtigsten. Denken Sie deshalb auch an:

- eine Hinführung zum Seminarthema,
- die Vorstellung der Ziele und Inhalte des Seminars,
- eine Abfrage der Erwartungen der Teilnehmer und an
- Hinweise auf das Vorgehen sowie auf den Umgang miteinander.

Teilnehmer einstimmen

Gehen Sie nicht unvermittelt auf die Ziele und Inhalte Ihres Seminars über. Versuchen Sie, die Teilnehmer erst auf das Thema einzustimmen. Dazu gibt es wieder verschiedene Möglichkeiten.

Sie können etwa:

- eine kurze Diskussion zum Thema in Gang bringen,
- eine provokative Frage oder Behauptung in den Raum stellen,
- die Teilnehmer von Erfahrungen berichten lassen,
- ein Fallbeispiel anführen,
- einen kurzen Problemaufriss geben,
- eine Videosequenz zeigen

und anderes mehr.

Ziele des Seminars

Zu den *Zielen* genügen meist einige Hinweise. Beten Sie keinen Zielkanon herunter – die Teilnehmer können ihn sich nicht merken.

Inhalte des Seminars

Die *Inhalte* des Seminars hingegen sollten Sie ausführlich erläutern. Die Teilnehmer sollten wissen, was Sie durchnehmen wollen, in welcher Reihenfolge und warum Sie diese Themen ausgewählt haben. Benutzen Sie dazu ein Flipchartblatt oder eine Stellwand.

 Die Inhalte sollten für alle Teilnehmer während des gesamten Seminars sichtbar bleiben.

Erläutern Sie regelmäßig während des Seminars anhand dieser Auflistung der Inhalte, wo Sie gerade stehen, was bereits besprochen wurde und was als Nächstes drankommt. Haken Sie die Themen ab, die abgeschlossen sind. Gönnen Sie Ihren Teilnehmern diese Orientierungshilfe. Zwischen den Einzelthemen sollte ein inhaltlicher Zusammenhang und eine logische Abfolge bestehen. Machen Sie dies auch Ihren Teilnehmern deutlich.

Der nächste Schritt ist die *Abfrage der Erwartungen* der Teilnehmer. Die einfachste Methode ist die so genannte *Zuruf-Abfrage*. Sie bitten die Teilnehmer um Äußerungen und halten diese mithilfe des Flipcharts fest. Der Nachteil der Zuruf-Abfrage besteht darin, dass sich schüchterne Teilnehmer nicht zu Wort melden.

Erwartungen abfragen per Zuruf

Aussagekräftiger, aber auch aufwendiger ist die *Kartenabfrage*. Jeder Teilnehmer erhält mehrere Karten aus festem Papier (Metaplankarten) und einen dicken Filzstift. Dann bitten Sie die Teilnehmer, ihre Erwartungen auf die Karten zu schreiben. Dabei sollten die folgende Regeln beachtet werden:

Kartenabfrage

- nur mit den dicken Filzstiften schreiben
- groß schreiben
- leserlich schreiben
- maximal zwei Zeilen auf eine Karte oder pro Karte nur ein Stichwort aufschreiben

Sie sammeln die Karten ein, lesen sie vor und hängen sie an eine Stellwand. Auch hierfür gibt es Regeln:

Regeln für die Auswertung

- Karten, die inhaltlich zusammengehören, nebeneinander oder untereinander hängen
- die Teilnehmer entscheiden lassen, welche Karten zusammengehören
- bei Unstimmigkeiten Karte gesondert hängen
- nicht nach dem Autoren von Karten suchen – es soll ja eine anonyme Abfrage bleiben

Das Ergebnis ist eine Reihe von »Kartenklumpen«, an denen sich gut ablesen lässt, was die Teilnehmer für Wünsche haben und welche Wünsche dominieren.

»Karten-
klumpen« als
Ergebnis einer
Kartenabfrage

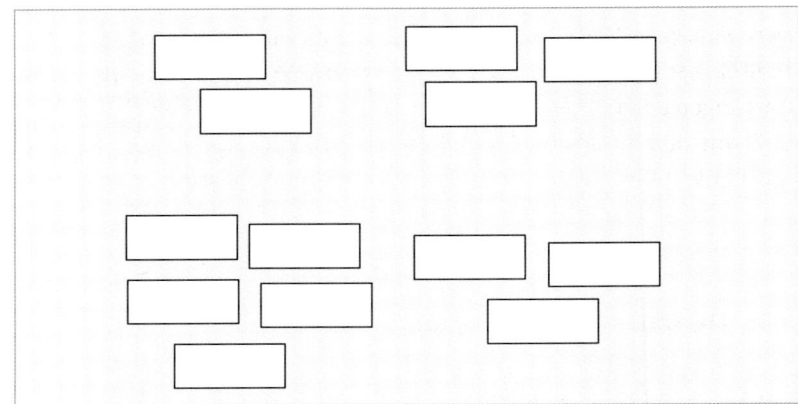

**Karten
kommentieren**

Wenn Sie wollen, können Sie bereits jetzt die Karten kommentieren. Das ist deshalb wichtig, um:

- unrealistische Erwartungen von vornherein zu nivellieren
- bei Unklarheiten nachfragen zu können

**Konzept an
Erwartungen
anpassen**

Nehmen Sie die Erwartungen ernst. Manch ein Dozent ermittelt erst ausführlich die Erwartungen der Teilnehmer, um dann doch sein Standardprogramm abzuspulen. Wenn Sie eine Erwartungsabfrage durchführen, müssen Sie auch bereit sein, Ihr Seminarkonzept darauf abzustimmen.

**Erwartungen
auswerten**

Gehen Sie am besten zu Beginn des letzten Seminartages die Liste mit den Erwartungen durch. Haken Sie ab, was schon behandelt wurde, und gehen Sie auf die restlichen Punkte ein.

**Erwartungen
der Gliederung
zuordnen**

Eine Alternative zu diesem Vorgehen: Sie bitten die Teilnehmer, ihre Erwartungen auf Karten zu schreiben. Während dieser Arbeitsphase hängen Sie Ihre Themenvorschläge an einer Stellwand so auf, dass die Teilnehmer die Gliederung nicht gleich sehen. Sind die Teilnehmer mit dem Beschriften der Karten fertig, bitten Sie sie darum, die Karten Ihrer Gliederung zuzuordnen.

Als Ergebnis erhalten Sie eine Stellwand mit Ihrem Seminarverlauf, den Wünschen der Teilnehmer, die mit Ihren Vorstellungen übereinstimmen, und den Wünschen der Teilnehmer, die Sie als Themen nicht vorgesehen hatten.

Der wichtigste Vorteil dieses Vorgehens liegt darin, dass Sie und Ihre Teilnehmer gut vergleichen können, ob Ihre Vorstellungen und die Erwartungen der Teilnehmer übereinstimmen. Dann können Sie gemeinsam mit den Teilnehmern festlegen, welche Inhalte in welcher Ausführlichkeit besprochen werden sollen.

1.5 Umgang miteinander abstimmen

Mit der Begrüßung, Vorstellung und Thematisierung der Ziele, Inhalte und Erwartungen ist die erste Phase des Seminars eigentlich abgeschlossen. Meist ist es bereits Zeit für eine kurze Pause. Es kann aber sinnvoll sein, noch *Hinweise zur Methodik* und zum Umgang miteinander zu geben.

Hinweise zur Methodik geben

Dazu ein Beispiel:
Ein Dozent beobachtet in seinen Seminaren immer wieder, dass seine Art des Unterrichts – sehr viel Gruppenarbeit und sehr viel Erfahrungsaustausch – bei einigen Teilnehmern auf Verwunderung stößt, weil sie eine solche Vorgehensart nicht kennen. Er erläutert deshalb in der Einstiegsphase seine Art des Unterrichts kurz und begründet sie.

Beispiel

Ein anderes Beispiel:
Ein Dozent möchte von vornherein einen lockeren, partnerschaftlichen Umgangston einführen. Deshalb legt er eine Folie mit einer Comicfigur auf, die dem Betrachter einen Vogel zeigt – natürlich im übertragenen Sinn.

Beispiel

Dazu erklärt er: »Wenn es Ihnen in diesem Seminar auch so geht, melden Sie sich bitte sofort. Und wenn Sie merken, dass Sie dauernd auf die Uhr sehen oder gar die Uhr ans Ohr halten, um zu hören, ob sie noch geht, dann erst recht.«

Generell gilt: Durch die sorgfältige Planung der Einstiegsphase erreichen Sie eine gute *Orientierung* und eine gute *Motivation*. So früh wie möglich sollte das Interesse, die Neugier und die Aufmerksamkeit der Teilnehmer für den Lernstoff geweckt werden. Es muss deutlich werden, was der Stoff mit ihnen persönlich zu tun hat. Und so früh wie möglich

Ergebnis: Orientierung und Motivation

sollten die Teilnehmer einen *Überblick* erhalten, was auf sie zukommt. Das Wort Überblick schließt schon aus, dass am Anfang eines Seminars ein langatmiger, detailreicher Vortrag steht.

Noch ein abschließender Hinweis:

Versuchen Sie, diese erste Phase des Seminars kurz zu halten. Manche Dozenten dehnen sie übermäßig aus. Dann kommen schnell Langeweile und Unruhe auf.

Vorbereitung eines Seminars und Einstieg ins Seminar

Vor Beginn des Seminars überprüfen
- ☐ Ist der Raum mit den benötigten Medien ausgestattet?
- ☐ Entspricht die Tischanordnung Ihren Wünschen?
- ☐ Haben Sie alle Lehr- und Lernmaterialien bereit?
- ☐ Haben Sie genügend Informationen über den Teilnehmerkreis?
- ☐ Haben Sie Ihr Seminar auf die Teilnehmer abgestimmt?

Vor Beginn des Seminars erledigen
- ☐ Namensschilder, Unterlagen, Stifte, Karten usw. verteilen
- ☐ Medien auf Funktion überprüfen

Zu Beginn des Seminars
- ☐ Teilnehmer begrüßen
  gewählte Methode: _____
- ☐ gegenseitige Vorstellung
  gewählte Methode: _____
- ☐ Einstimmung auf das Thema
  gewählte Methode: _____
- ☐ Vorstellung der Inhalte und Ziele
  gewählte Methode: _____
- ☐ Abfrage der Erwartungen
  gewählte Methode: _____
- ☐ organisatorische Hinweise,
  Anmerkungen zum Seminarort: _____

1.6 Umsetzung

1. Schreiben Sie sich alle wichtigen Punkte auf, die Sie umsetzen und ausprobieren wollen.
2. Formulieren Sie die Punkte so, dass sie möglichst konkret sind.
3. Legen Sie fest, welche Punkte Sie in welcher Reihenfolge in Angriff nehmen wollen.
4. Notieren Sie sich eine Frist.
5. Kontrollieren Sie, ob Sie den Punkt fristgerecht umgesetzt haben.

Diese Aspekte möchte ich umsetzen	Priorität	Termin	Erledigt
			☐
			☐
			☐
			☐
			☐
			☐
			☐
			☐
			☐
			☐
			☐
			☐
			☐
			☐

1.7 Fragen zum Verständnis

1. Sie sollen zum ersten Mal ein Seminar in einem bestimmten Seminarraum geben. Worauf achten Sie bei der Begutachtung dieses Raumes?

_____

_____

2. Wie schafft man gleich zu Beginn des Seminars eine gute und partnerschaftliche Lernatmosphäre?

_____

_____

_____

3. Sie möchten die Teilnehmer früh miteinander ins Gespräch bringen. Was werden Sie tun?

_____

_____

_____

4. Die meisten Teilnehmer in Ihrem Seminar kennen sich bereits, zum Teil vom Sehen, zum Teil näher, weil sie alle dieselbe Arbeitsstelle haben. Sie selbst kennen jedoch keinen der Teilnehmer. Welche Methode werden Sie für die Vorstellung wählen? Begründen Sie bitte Ihre Meinung.

_____

_____

_____

1.8 Planungsaufgabe

Machen Sie einen genauen Plan für die erste Phase in Ihrem Seminar. Wie wollen Sie vorgehen?

Thema des Seminars:

_____

Dauer:

_____

Teilnehmergruppe:

_____

1. Teilnehmer begrüßen:

_____

_____

Begründung:

_____

_____

2. Gegenseitige Vorstellung:

_____

_____

Begründung:

_____

_____

3. Einstimmung auf das Thema:

_____

_____

Begründung:

_____

_____

4. Vorstellung der Inhalte und Ziele:

_____

_____

Begründung:

_____

_____

5. Abfrage der Erwartungen:

_____

_____

Begründung:

_____

_____

1.9 Reflexionsaufgabe

Nehmen Sie die CD-ROM zur Hand und sehen Sie sich die Videosequenz »Seminare beginnen« an.

Wie beurteilen Sie das Verhalten des Dozenten? Was beurteilen Sie positiv, was negativ?

Positiv

_____

_____

_____

_____

_____

_____

Negativ

_____

_____

_____

_____

_____

_____

2 Vorträge halten

Vortragen scheint auf den ersten Blick einfach zu sein: Man stellt sich vor die Teilnehmer und fängt an. Gelegentlich zeigt man dann noch auf eine Folie. Und diese Technik scheint effektiv zu sein: In sechs bis sieben Stunden Unterricht pro Tag kann man auf diese Art eine Menge Informationen vermitteln.

Vortragen ist und bleibt eine wichtige Methode im Unterricht. Viele Dozenten bevorzugen diese Form der Vermittlung – und tun nicht selten des Guten zu viel. Auch Vortragen will gelernt sein. Wenn man einige wichtige Grundsätze beachtet, kommt ein wichtiger Vorteil dieser Unterrichtsform zum Tragen: die Möglichkeit, in kurzer Zeit viele Informationen zu übermitteln.

Was dabei oft vergessen wird: Am besten lernen Teilnehmer, wenn sie motiviert und aktiv sind. Aber das ist beim Vortrag nicht immer einfach. Ein guter Vortrag ist deshalb ein lebendiger Vortrag, sowohl im Hinblick auf die Sprache als auch auf Mimik, Gestik und Körpersprache.

Dieses Kapitel liefert Ihnen Antworten auf Fragen wie:
- Was zeichnet einen guten Vortrag aus?
- Wie wird ein Vortrag aufgebaut?
- Was muss sprachlich beachtet werden?
- Was bedeutet eine gute Sprechtechnik?
- Welche Bedeutung haben Mimik, Gestik und Körpersprache?
- Welche Möglichkeiten gibt es, die Teilnehmer einzubeziehen?

2.1 Vortrag strukturieren

Drei Teile Ein guter Vortrag muss eine klare Struktur haben und verständlich sein. Die einfachste Form einer Struktur ist die Dreiteilung in

1. Anfang
2. Hauptteil
3. Abschluss

Warum ist diese Dreiteilung bei einem Vortrag so wichtig? Zuhörer haben ein natürliches Bedürfnis nach einer *Struktur*. Sie wollen das, was sie hören, in einen größeren Rahmen setzen können. Das gelingt durch *Strukturierung*. Eine klare Struktur macht einen Vortrag verständlicher. Die einzelnen Teile bestehen jeweils aus verschiedenen Schritten:

Aufbau eines Vortrags

Einleitung	Motivieren	
	Übersicht geben	
Hauptteil	Teilthema 1	Für das Teilthema motivieren
		Auf das Teilthema orientieren
		Bedeutung des Teilthemas zeigen
		Zum Thema sprechen
		Ausführungen zusammenfassen
		Übergang zum nächsten Thema
	Teilthema 2	Für das Teilthema motivieren usw.
	Teilthema 3	Für das Teilthema motivieren usw.
Abschluss	Hauptaussage prägnant formulieren	

An den Vortrag sollte sich möglichst eine Diskussion und eine Zusammenfassung anschließen.

Zeitanteile der einzelnen Schritte

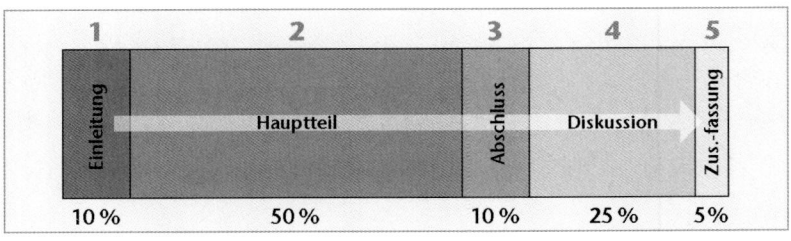

2.2 Vorträge beginnen

Am Anfang eines Vortrags sollten Sie sich folgende Fragen stellen:

- Wie schaffe ich einen wirkungsvollen und gleichzeitig angemessenen Beginn des Vortrags?
- Wie stelle ich den Kontakt zu den Teilnehmern her?
- Wie wecke ich Interesse am Thema?

Sie sollten sich darüber im Klaren sein, wozu eine Einleitung generell dient. Die Einleitung hat zwei wichtige Funktionen:

Funktionen der Einleitung

1. die Teilnehmer für das Thema zu motivieren bzw. zu interessieren
2. den Teilnehmern einen ersten Überblick zu ermöglichen, ihnen eine Orientierung zu verschaffen

Das bedeutet im Einzelnen:

- *Teilnehmer für das Thema interessieren und motivieren:*
  Je besser Sie die Teilnehmer auf das Thema einstimmen, je interessanter Sie den Anfang gestalten, desto aufmerksamer hören sie Ihnen zu. Insofern entscheidet sich schon am Anfang, wie gut und gern die Teilnehmer Ihnen folgen. Was nützen Ihnen die wichtigsten Aussagen im Hauptteil, wenn Ihre Zuhörer vorher eingeschlafen sind?

Aufmerksamkeit herstellen

- *Überblick geben:*
  Die Teilnehmer sollten immer wissen, an welcher Stelle Sie sich in Ihrem Vortrag gerade befinden. Ein Überblick am Anfang ist dabei eine wichtige Hilfe. Hierbei kann eine Visualisierung (z. B. auf einem Flipchart) sehr nützlich sein.

Teilnehmer orientieren

2.3 Hauptteil gliedern

Wie strukturiert man den Hauptteil eines Vortrags? Wahrnehmungspsychologen haben festgestellt, dass Menschen bis zu drei Gedankenschritte gut erinnern und auseinander halten können. Bei der Verwendung von vier oder mehr Schritten nimmt die Wahrscheinlichkeit deutlich zu, dass ein Zuhörer die Übersicht verliert. Die Konsequenz für die Strukturierung eines Vortrags lautet somit, nach der Einleitung, in der

Nur drei Hauptgedanken

35

Sie das Thema nennen und den Kontakt zum Publikum aufbauen, lediglich drei Hauptgedanken zu formulieren, ehe Sie zum Schluss kommen. Somit ergeben sich insgesamt fünf Gliederungsschritte, den ein Vortrag haben sollte. Bei längeren Vorträgen kann man diese hauptsächlichen Gedankenschritte wiederum in maximal fünf Gedankenschritte unterteilen.

Kognitive oder affektive Lernziele? Es gibt verschiedene Möglichkeiten, den Hauptteil zu gliedern. Wichtig dabei ist das Ziel Ihres Vortrags: Wollen Sie nur Wissen vermitteln und verfolgen Sie deshalb kognitive Lernziele oder wollen Sie Ihre Teilnehmer von etwas überzeugen, um affektive Lernziele zu erreichen?

Die erste Möglichkeit ist die *Kette*. Die Kette besteht aus Einleitung, strukturierten Informationen und Zusammenfassung. Die Kette lässt sich gut bei affektiven Lernzielen einsetzen.

Die Kette verknüpft Informationen ...

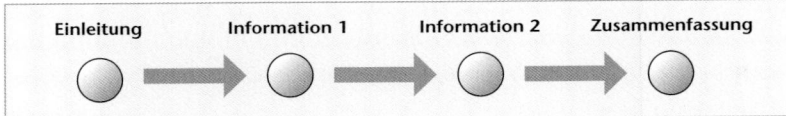

Stellen Sie sich vor, Sie wollen Ihre Teilnehmer (Seminarleiter) davon überzeugen, dass sie die Stellwand als Medium (häufiger) einsetzen sollen. In diesem Beispiel werden Sie das Thema natürlich in der Einleitung nennen. Die Botschaft gehört in den Schlussteil. Einleitung und Schluss bleiben also gleich. Ihre Argumentationslinie im Hauptteil hingegen kann unterschiedlich sein.

... oder Argumente

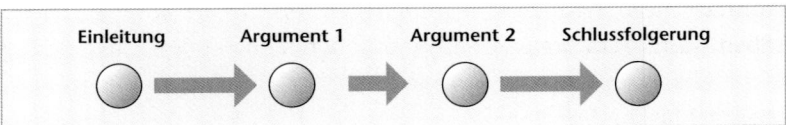

Beispiel

- *(Einstieg) Ich will die Vorteile der Stellwand aufzeigen.*
- *(Argument 1) Die Stellwand ist ein sehr variabel einsetzbares Medium.*
- *(Argument 2) Außerdem kann man sie gut zur Aktivierung der Teilnehmer nutzen.*
- *(Schlussfolgerung) Probieren Sie die Stellwand einmal aus.*

Die Kette eignet sich somit für Themen, bei denen eine differenzierte Argumentation den Teilnehmer unterstützt, die komplexe Materie zu verstehen. Sie ist gut geeignet, wenn man den Teilnehmer Schritt für Schritt in einen Gedankengang einführen möchte.

Eine Variante der Kette ist die *Problemlöseformel*. Sie bietet sich an, wenn Problemlösungen aufgezeigt werden sollen:

Problemlöse-formel

- Darstellung des Ist-Zustandes (Missstand)
- Aufzeigen der Ursachen
- Darstellung des Soll-Zustandes (Ziel)
- Vorschlag zur Vorgehensweise
- Aufforderung zur Tat

Folgendes Beispiel zeigt, wie die Problemlöseformel funktioniert:

- *(Missstand) In vielen Seminaren gibt es einzelne Teilnehmer, die den Unterricht stören.*

Beispiel

- *(Ursache) Dies kann unterschiedliche Ursachen haben. Ein wichtiger Grund ist die fehlende Motivation.*
- *(Ziel) Deshalb ist es wichtig, im Unterricht für eine gute Motivation zu sorgen.*
- *(Vorschlag) Eine gute Grundlage ist ein abwechslungsreicher Unterricht, abwechslungsreich hinsichtlich Methoden- und Medieneinsatz.*
- *(Aufforderung) Diese wichtige Hilfe sollten Sie nutzen, um mangelnde Motivation abzubauen und Störungen zu vermeiden.*

Die folgenden drei Strukturierungsmöglichkeiten sind geeignet, wenn es zu einem Thema verschiedene Meinungen gibt. Das Prinzip der *Grundform* ist es, drei Argumente zu nennen, die alle zu dem gleichen Schluss führen. Diese Argumente befinden sich logisch alle auf der gleichen Ebene, d.h., kein Argument ist dem anderen über- oder untergeordnet.

Grundform: drei Argumente – ein Schluss

Beispiel für die Grundform:

- *(Einstieg) Ich möchte Ihnen die Vorteile der Stellwand als Medium erläutern.*

Beispiel

- *(These 1) Erstens können Sie teilnehmerorientiert arbeiten.*
- *(These 2) Zweitens haben Sie mit der Stellwand ein sehr flexibles Medium.*
- *(These 3) Drittens ist es in der Ausstattung preiswert.*
- *(Abschluss) Nutzen Sie deshalb die Stellwand häufiger im Unterricht.*

Die Grundform
der Argumen-
tation

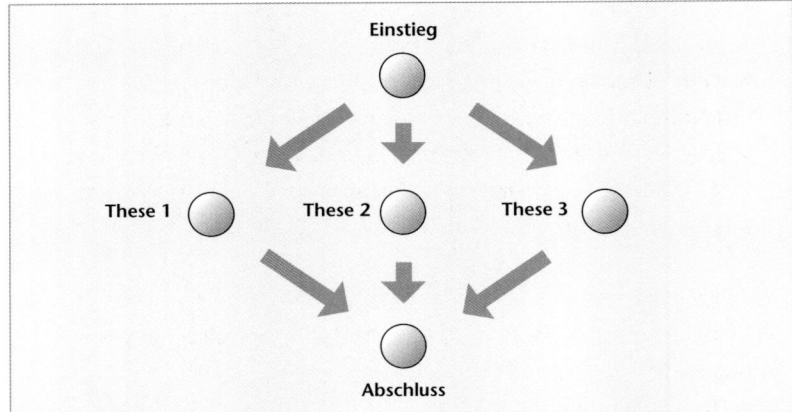

Durch die Verwendung von Strukturierungsworten *(erstens, zweitens, drittens oder früher, heute, zukünftig)* machen Sie deutlich, dass ein neuer Gliederungsschritt begonnen hat.

Selektion
eines
Argumentes

Bei der *Selektion* werden zunächst ein Pro- und ein Kontra-Argument einander gegenübergestellt. Der nachfolgende Gedankengang (Schritte 4 und 5) bauen jedoch nur auf dem Argument in Schritt 3 auf. Auch diese Gliederungsform kann durch Strukturierungsworte (z. B. »einerseits – andererseits«) hervorgehoben werden.

Argumentation
mittels Selektion

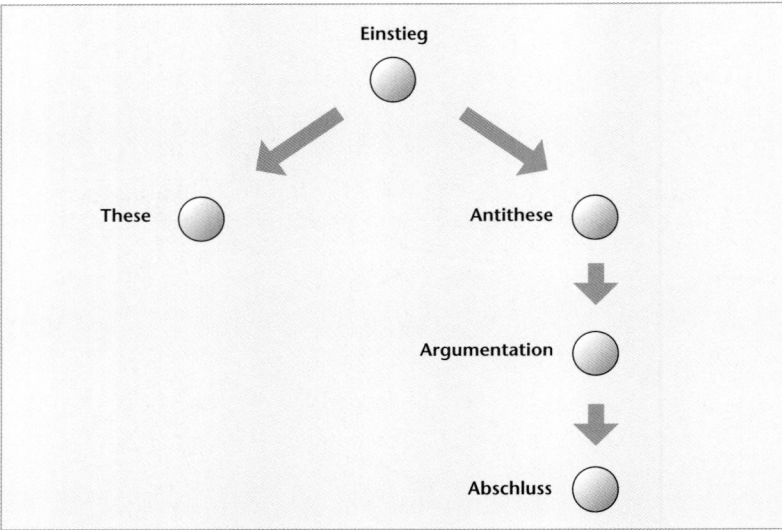

- *(Einstieg) Wie kann man mit Medien die Ergebnissicherung in Gesprächen unterstützen?*
- *(These) Man könnte alle Beiträge der Teilnehmer an der Tafel festhalten.*
- *(Antithese) Man könnte aber auch die Stellwand und Karten nutzen.*
- *(Argumentation) Mit Stellwand und Karten lässt es sich einfacher und flexibler arbeiten. Außerdem profitiert der Unterricht vom Medienwechsel.*
- *(Abschluss) Diese Vorteile bietet nur die Stellwand.*

Beispiel

In ihrer Wirkung ist die Selektion eine *Einwandvorwegnahme*. Sie nimmt das Gegenargument Ihrer Argumentation vorweg und nimmt diesem Gegenargument damit einen Teil seiner Wirkung. Die Anwendung der Selektion bietet sich vor allem dann an, wenn ein bestimmtes Argument von Ihren Teilnehmern auf jeden Fall genannt wird. Wenn Sie dieses Argument in eigenen Worten vorwegnehmen, verschafft Ihnen dies mehr Glaubwürdigkeit im Sinne einer ausgewogenen Argumentation.

**Einwand-
vorwegnahme**

Bei der *Synthese* entsprechen die ersten drei Schritte denen der *Selektion*. Erst im vierten Schritt ändert sich die Abfolge. Hier werden sowohl das Pro- als auch das Kontra-Argument gewürdigt. Beide Aspekte werden zusammengeführt. Im fünften Schritt kommt es zwangsläufig zu einer Synthese (Vereinigung) dieser beiden Aspekte.

Synthese

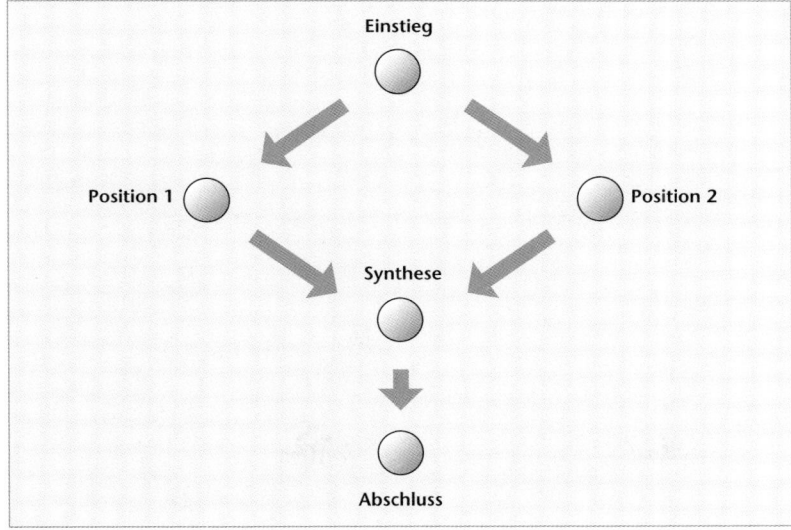

Argumentation
mittels Synthese

Eine Argumentation per Synthese könnte beispielsweise so aussehen:

- *(Einstieg) Wie lassen sich die Ergebnisse im Gespräch sichern?*
- *(Position 1) Eine Möglichkeit ist, sie auf dem Flipchart festzuhalten.*
- *(Position 2) Eine zweite besteht darin, sie auf Karten festzuhalten und an der Stellwand zu befestigen.*
- *(Synthese) Die beste Lösung dürfte sein, dies miteinander zu verbinden.*
- *(Abschluss) Probieren Sie diese Kombination aus.*

Die Synthese ist eine gute Möglichkeit, erstarrte »Entweder–oder«-Meinungen wieder in Fluss zu bringen. Denn häufig liegt die Lösung für ein Problem eben nicht in einem einseitigen Ja oder Nein, sondern in einer differenzierteren Betrachtung des Problems.

Je nach Ziel des Vortrags und Besonderheiten des Stoffes stehen Ihnen somit verschiedene Möglichkeiten der Strukturierung zur Verfügung.

Möglichkeiten der Strukturierung eines Vortrags

Aufgabe	Struktur
Vermittlung von Informationen	Kette
Aufzeigen von Problemen und deren Lösung	Problemlöseformel
Vermittlung verschiedener Auffassungen	Grundform
Vermittlung von Pro- und Kontra-Argumenten mit Fokussierung auf eine Nennung	Selektion
Darstellung verschiedener Positionen mit Zusammenführung	Synthese

Grundprinzipien

Für alle Gliederungsstrukturen gilt:

1. Bei jedem Teilschritt wiederholt sich im Kleinen der Aufbau des Vortrags im Großen. Sie sollten jeweils:
   - die Teilnehmer für das Thema motivieren,
   - auf das Teilthema orientieren,
   - die Bedeutung des Teilthemas herausstellen,
   - zum Teilthema Informationen geben,
   - Ihre Ausführungen zusammenfassen und
   - zum nächsten Thema überleiten.
2. Benutzen Sie Strukturierungsworte.
3. Machen Sie Pausen, wenn Sie einen Abschnitt beendet haben.

4. Einleitung und Schluss können kürzer sein als die Informations-
einheiten und die Argumentationsschritte im Hauptteil.

Die Prinzipien dienen dazu, den Aufbau des Vortrages den Teilnehmern deutlich zu machen. Sie fördern damit auf entscheidende Weise seine Verständlichkeit.

Aufbau verdeutlichen

2.4 Den Schluss gestalten

Was ist beim Schluss zu beachten? Es gibt drei wichtige Regeln:

1. *Regel: Machen Sie deutlich, wenn Sie zum Schluss kommen. Machen Sie dann auch wirklich Schluss.*
Meist sind die Teilnehmer am Ende Ihres Vortrags besonders aufmerksam. Deshalb ist an dieser Stelle eine Zusammenfassung besonders wichtig und wirkungsvoll. Sie bringen den Teilnehmern die Inhalte noch einmal nahe, die sie sich unbedingt merken sollen. Sagen Sie: »Ich fasse zusammen…« Danach wiederholen Sie Ihre Hauptinformationen – aber bitte kurz. Verfallen Sie nicht in den Fehler, den halben Vortrag zu wiederholen. Der Teilnehmer wird mächtig strapaziert, wenn der Vortragende das Ende zehn Minuten vorher ankündigt und dann immer noch etwas zu sagen weiß.

Zügig Schluss machen

2. *Regel: Der letzte Satz enthält die Hauptaussage des Vortrags.*
Die wesentlichen Gründe sind:
- Was zuletzt gesagt wird, bleibt am besten sitzen. Sollten die Teilnehmer auch alles vergessen haben, was Sie sagten, die Hauptaussage sollte ihnen noch nach dem Vortrag im Ohr nachhallen.
- Am Schluss ergibt sich die Hauptaussage als logische Schlussfolgerung der vorgenannten Informationen.

Hauptaussage an den Schluss

3. *Regel: Formulieren Sie den Schlusssatz kurz, prägnant und möglichst ohne Nebensätze.*
So machen Sie es wahrscheinlicher, dass die Kernaussage im Gedächtnis haften bleibt.

Prägnant formulieren

2.5 Auf Verständlichkeit achten

Eine gute Dozentensprache zeichnet sich durch Einfachheit und Verständlichkeit aus – sowohl bei der Wortwahl als auch bei den Satzkonstruktionen. Doch was bedeutet das im Einzelnen?

Einfache und verständliche Wörter

Einfache und verständliche Wörter sind in der Regel

- kurze Wörter,
- geläufige Wörter,
- keine Fachausdrücke,
- keine Fremdwörter,
- keine Abkürzungen.

Einfache und verständliche Sätze

Einfache und verständliche Sätze sind in der Regel

- kurze Sätze,
- einfach strukturierte Sätze (Hauptsätze),
- keine Sätze mit vielen Nebensätzen,
- keine Passivsätze,
- keine Konjunktivsätze.

Fremdwörter vermeiden

Auf der Wortebene sollten Sie nur *Fachbegriffe* gebrauchen, von denen Sie annehmen können, dass alle Teilnehmer sie kennen. Ansonsten erklären Sie sie bitte. Ungebräuchliche *Fremdwörter* sollten Sie vermeiden und möglichst durch deutsche Wörter ersetzen.

Keine Abkürzungen und Füllwörter

Dasselbe gilt für wenig bekannte oder missverständliche *Abkürzungen*. Lange Wörter sind ebenfalls oft schwer zu verstehen (z. B.: Eisenbahnerlebensversicherungspolice). Lösen Sie solche Wortungeheuer auf. Unnötig sind alle *Füllwörter* (also, durchaus, gerade, nur…). Lassen Sie sie immer weg, wenn sie nicht unbedingt erforderlich sind. Häufig hinterlässt ihr Gebrauch einen unsicheren Eindruck bei den Teilnehmern.

Verben statt Substantive

Auf der Satzebene heißt die wichtigste Regel: Kurze Sätze sind zu bevorzugen. Das Befolgen dieser Regel hindert Sie auch daran, zu komplizierte Satzkonstruktionen zu verwenden. Alle wichtigen Informationen gehören in den Hauptsatz. Jeder verständliche Satz braucht ein aussagekräftiges Verb. Vermeiden Sie die Aneinanderreihung von Substantiven wie: »*Die Abnahme der Prüfung zur Erlangung der Fahrerlaubnis…*«

Oft schwer zu verstehen sind auch Passivsätze wie z. B. *»In der Haupt-versammlung wurde durch die Mitglieder beschlossen«* und Konjunktivsätze wie z. B. *»Es stünde Ihnen besser zu Gesicht«*.

Passiv- und Konjunktivsätze meiden

Diese Regeln gelten natürlich auch für Texte – zum Beispiel für Ihre Arbeits-blätter, Merkblätter und Teilnehmerunterlagen.

Natürlich können Sie nicht bei jedem Satz darauf achten, ob er den Kri-terien genügt. Aber Sie können sich wichtige Formulierungen notieren oder auswendig lernen. Dies ist hilfreich, wenn es auf das, was Sie sagen, wirklich ankommt – zum Beispiel bei einführenden Sätzen oder beim Schlussappell. Um Ihren Sprachgebrauch zu überprüfen, können (und sollten) Sie Ihren Unterricht auch einmal auf Video aufzeichnen und Ihre Sprache unter die Lupe nehmen. Außerdem können Sie jemanden bitten, im Seminar einmal bewusst auf diese Punkte zu achten.

Tipps für mehr Verständlichkeit im Reden und Schreiben

Wörter

- Fachbegriffe nur gebrauchen, wenn sie unbedingt notwendig sind
- Fremdwörter möglichst durch deutsche Wörter ersetzen
- geläufige Wörter bevorzugen
- keine Wortungeheuer benutzen (Eisenbahnerlebensversicherungs-police)
- aussagekräftige Wörter bevorzugen
- ungebräuchliche Abkürzungen auflösen
- Modalwörter sparsam verwenden (müssen, wollen, sollen, dürfen)
- Füllwörter (also, durchaus, gerade, nur…) weglassen

Sätze

- kurze Sätze bevorzugen
- nicht zu komplizierte Satzkonstruktionen verwenden
- alle wichtigen Informationen in einem Hauptsatz formulieren
- Passivsätze vermeiden (In der Hauptversammlung wurde durch die Mitglieder beschlossen…)
- keine Aneinanderreihung von Substantiven (die Abnahme der Prü-fung zur Erlangung der Fahrerlaubnis…)
- keine Konjunktivsätze (Es stünde Ihnen besser zu Gesicht…)

43

2.6 Vortrag kurz halten

Kurz fassen

Gleich die wichtigste Regel vorweg: Ein guter Vortrag ist meist kurz. Selbst wenn Sie zu den glücklichen Dozenten gehören, die mit ihrem Thema und ihrer Vortragstechnik die Zuhörer begeistern: Bei Vorträgen bleiben alle Teilnehmer passiv – sie hören nur zu und werden sonst nicht aktiv.

Vorträge lassen Teilnehmer passiv

Es bleiben Zuhörer übrig, denen Sie das Lernen nicht gerade leicht machen. All die vielen Informationen, die Sie den Teilnehmern nahe bringen, müssen diese allein verarbeiten. Dabei fehlen ihnen Kontrollmöglichkeiten, das heißt, die Teilnehmer wissen nicht, ob sie alles richtig verstanden haben und ob sie in der Lage sind, das neue Wissen auch anzuwenden.

Zuhören ist anstrengend. Lange Vorträge sind ermüdend. Die Aufmerksamkeit schwindet und der Lernerfolg auch. Versuchen Sie deshalb, den Stoff auf das unbedingt notwendige Minimum zu beschränken und den Vortrag zeitlich zu begrenzen.

Eine alte Lehrerregel lautet: Man kann im Unterricht alles tun, aber nicht länger als 20 Minuten. Dies trifft besonders für den Vortrag zu. Ein Vortrag, der länger dauert als 20 oder 30 Minuten, ist für das Lernen abträglich.

Spätestens nach dieser Zeit müssen Sie die Methode wechseln – zum Beispiel eine Übung machen, den Stoff mit den Teilnehmern besprechen oder eine Partner- oder Gruppenarbeit vorsehen.

2.7 Frei vortragen

Nicht ablesen

Ein Vortrag im Unterricht sollte *frei gesprochen* sein. Dafür gibt es mehrere Gründe:

- Bei vorformulierten Vorträgen ist die *Informationsdichte* oft zu groß.
- Die *Schriftsprache* entspricht nicht der mündlichen Sprache. Sie ist meist schwieriger zu verstehen, weil die Sätze komplexer und die Informationen kompakter sind.

Deshalb ist es nicht sinnvoll, im Unterricht mit vorformulierten Texten zu arbeiten. Außerdem passiert es beim Vorlesen leicht, dass man den Faden verliert. Der Blickkontakt mit den Teilnehmern leidet automatisch.

Nachteile des Ablesens

Was macht man, wenn man unsicher ist und sich einen freien Vortrag nicht zutraut? Sie können die ersten, wichtigen Sätze auswendig lernen. Leiern Sie diese beim Vortrag aber nicht einfach herunter.

Sie können sich auch *Stichworte* machen. Stichworte geben Sicherheit, auch wenn man sie nur selten braucht. Wenige Stichworte sind besser als viele. Dann ist die Wahrscheinlichkeit geringer, aus dem Konzept zu kommen, weil man das richtige Stichwort im Moment nicht findet.

Stichworte notieren

Überlegen Sie: Kann man aus Ihren Stichworten nicht eine Folie oder ein Flipchartblatt entwickeln? Dadurch haben Sie gleich zwei Vorteile:

Stichworte präsentieren

1. Sie brauchen nicht auf Ihr Blatt nach dem nächsten Stichwort zu suchen: Die Stichworte stehen ja an der Wand.
2. Sie helfen den Teilnehmern, weil Sie ihnen eine Verständnis- und Merkhilfe gönnen.

Falls Sie eine Stichwortliste im Unterricht »dynamisch« entwickeln wollen, können Sie die Stichworte auf ein leeres Flipchartblatt mit Bleistift in eine Ecke schreiben. Die Teilnehmer sehen diese Notizen aus der Entfernung nicht.

2.8   Auf Sprechtechnik achten

Was Sie sagen, ist die eine Seite – *wie* Sie es sagen, die andere. Einen guten Vortrag halten bedeutet auch, eine gute Sprechtechnik zu haben.

Zur Sprechtechnik gehören folgende Punkte:

Merkmale guter Sprechtechnik

- Lautstärke (wie laut oder leise Sie sprechen)
- Stimmlage (wie hoch oder wie tief Ihre Stimmlage ist)
- Sprechtempo (wie schnell oder wie langsam Sie sprechen)

- Pausen (wann Sie wo welche Pausen setzen)
- Betonung (welche Wörter Sie wie betonen)
- Aussprache (wie deutlich Sie sprechen)
- Füllsel (wie häufig Sie äh, oh, ich möchte meinen usw. sagen)

Bei allen diesen sprechtechnischen Merkmalen kann man Fehler machen. Die Folgen sind mehr oder weniger schwerwiegend.

Stimme des Dozenten

Welche »Fehler« sind bei den einzelnen Merkmalen möglich? Wie wirken sie sich aus? Die *Stimme* eines Dozenten kann zu laut und damit unangenehm sein. Häufiger kommt es allerdings vor, dass sie zu leise ist. Das kann für die Teilnehmer sehr anstrengend sein.

Lautstärke gezielt einsetzen

Die *Lautstärke* können und sollten Sie genauso gezielt einsetzen wie die anderen Stimmmerkmale auch. Sprechen Sie laut genug und setzen Sie leise Töne gezielt ein. So können Sie zum Beispiel gut Spannung erzeugen.

Bei der *Stimmlage,* in der Sie sprechen, können Sie nicht viel falsch machen. Lediglich sehr hohen Stimmlagen (»fiepsige« Stimmen) empfinden viele Menschen als unangenehm. Bei Bedarf können Sie Ihre Stimmlage mit Übungen verändern.

Tonhöhe variieren

Wichtiger ist die Variation der *Tonhöhe* – also, ob Sie die Stimme heben oder senken. In jedem Fall sollten Sie darauf achten, dass Sie am Ende eines Satzes mit der Stimme heruntergehen (und eine Pause machen). Dann wissen Ihre Teilnehmer, dass dieser Satz zu Ende ist. Am Ende einer Frage hebt man in der Regel seine Stimme an. Das ist eigentlich selbstverständlich, wird aber nicht immer beachtet.

Passendes Tempo finden

Das *Sprechtempo* sollte nicht zu langsam, aber auch nicht zu schnell sein. Eine zu langsame Sprechweise wirkt ermüdend. Bei zu schnellem Sprechen kommen die Teilnehmer mit ihren Gedanken nicht mit – sie schalten über kurz oder lang ab. Viele Menschen neigen dazu, zu schnell zu sprechen, wenn sie nervös sind.

Pausen machen

Sprechpausen im Vortrag sind ungemein wichtig. Sie sind kleine Verschnaufpausen für die Zuhörer. Gönnen Sie Ihren Teilnehmern diese

46

Zehntelsekunden, um über Ihre Worte nachdenken zu können. Pausen haben noch eine weitere wichtige Funktion. Sie gliedern die Rede. Der Zuhörer erfährt, ob ein Satz oder ein Gedankengang zu Ende ist. Wenn das Sprechtempo zu hoch ist, sind meist auch die Pausen zu kurz.

Zu lange Pausen werden aber ebenfalls als unangenehm empfunden. Das hat einen einfachen Grund: Eine lange Pause zeigt normalerweise an, dass der Sprecher wünscht, sein Gegenüber möge jetzt etwas sagen. Der Zuhörer wird unsicher.

Nicht zu lange Pausen

Mit der *Betonung* haben Sie eine Strukturierungshilfe an der Hand. In jedem Satz gibt es wichtige, sinnträchtige Wörter. Diese Wörter betonen Sie besonders: Sie akzentuieren sie. Damit weiß der Teilnehmer gleichzeitig, welche Wörter wichtig sind.

Einzelne Wörter betonen

Ihre *Aussprache* sollte klar und deutlich sein. Bitte nicht nuscheln und Endungen verschlucken.

Deutlich sprechen

Füllwörter gebraucht man häufig, ohne es zu merken. Besonders beliebt ist das »Äh«. Solche Füllsel gebraucht jeder einmal. Problematisch wird es, wenn sie zu häufig vorkommen und die Teilnehmer stören (oder sie gar zu zählen anfangen).

Füllwörter meiden

Noch ein Wort zum *Dialekt*. Dialekt ist an sich etwas Liebenswertes. Und viele Teilnehmer finden Dialekt eher positiv als negativ, besonders im süddeutschen Raum. Allerdings darf Ihr Dialekt nicht so ausgeprägt sein, dass Teilnehmer Verständnisschwierigkeiten haben.

Dialekt darf nicht stören

Wie lässt sich die Sprechtechnik verbessern? Der erste Schritt ist wie so oft die Analyse, am besten mithilfe einer Videoaufzeichnung. Ein Kassettenrekorder tut es in diesem Fall aber auch.

Wenn Sie Ihre Technik verbessern möchten, machen Sie es wie die Schauspieler. Eine Übung besteht darin, einen Flaschenkorken zwischen die Zähne zu klemmen und dann damit zu sprechen. Automatisch müssen Sie besser artikulieren. Schnell sprechen können Sie mit dem Korken auch nicht mehr. Vor allem hilft diese Übung, eine undeutliche Aussprache zu verbessern.

2.9   Mimik, Gestik und Körpersprache einsetzen

Körpersignale lassen tief blicken

Körpersignale sind wichtige Hilfen für Sie und Ihre Teilnehmer. Dr. Albert Mehrabian vom Psychologischen Institut der University of California in Los Angeles ließ Versuchspersonen bei Gesprächen zuschauen. Sie sollten bewerten, woran sie erkennen, in welcher gefühlsmäßigen Verfassung sich die beteiligten Gesprächspartner befinden. Die Versuchspersonen sollten ihre Eindrücke prozentmäßig angeben und zwar für:

1. Körpersprache
2. Stimme (Sprechtechnik)
3. das gesprochene Wort

Das Ergebnis lautet:

1. Der Einfluss der visuell wahrnehmbaren Körpersprache liegt bei 55 Prozent.
2. Der Einfluss der Stimme beträgt 38 Prozent.
3. Der Einfluss des gesprochenen Wortes beträgt sieben Prozent.

Der Körper kommentiert die Inhalte

Warum ist das nonverbale Ausdrucksverhalten so wichtig? Es begleitet und »kommentiert« die inhaltlichen Aussagen. Ihre Körpersprache unterstreicht, was Sie sagen. Damit hilft sie den Teilnehmern ebenso wie eine gute Betonung bei der Verarbeitung der Informationen.

Auf Signale der Teilnehmer achten

Sie erkennen an den Körpersignalen der Teilnehmer, ob sie noch interessiert folgen oder nicht, ob eine Pause angebracht ist und vieles mehr. Je erfahrener Sie als Seminarleiter sind und werden, desto empfänglicher werden Sie für diese Signale.

Als Einstimmung noch einige kritische Äußerungen von Teilnehmern aus verschiedenen Seminaren. Sie spiegeln die häufigsten Fehler wider:

- Der Dozent saß die ganze Zeit.
- Der Dozent sprach nur mit dem Flipchart.
- Der Dozent starrte nur auf sein Konzept.
- Der Dozent wirkte steif.
- Man merkte die antrainierte Rhetorik.
- Dieses ewige Hin- und Hergehen.
- Das Äußere wirkte ungepflegt.

Blickkontakt mit den Teilnehmern ist für Sie gleich aus mehreren Gründen sehr wichtig. Der erste Grund ist: Sie können die Reaktionen – d. h. die unbewusst ausgesandten Körpersignale der Teilnehmer – wahrnehmen. Allerdings ist das nicht ganz einfach. Viele Signale sind unscharf und können schnell zu falschen Interpretationen führen.

Blickkontakt halten

Körpersignale	mögliche Interpretationen
Einige Teilnehmer verschränken die Arme.	Abwehr, Distanz schaffen
Ein Teilnehmer nimmt seine Brille ab und kaut am Bügel.	Nachdenklichkeit, nicht mehr gestört werden wollen, Langeweile
Ein Teilnehmer verschränkt seine Hände hinter dem Nacken.	Entspannung, Müdigkeit
Ein Teilnehmer reibt sich das Kinn.	Nervosität, Unsicherheit

Beispiele für Körpersignale und mögliche Interpretationen

An solchen Signalen können Sie auch Reaktionen ablesen, wenn Sie beispielsweise eine Frage gestellt haben: Haben alle Teilnehmer die Frage verstanden?

Der zweite Grund für einen guten Blickkontakt liegt im *Schaffen von Kontakt*. Auch das kennen Sie aus Ihrem Seminaralltag: Wenn Sie nach einer Frage einen Teilnehmer auffordernd ansehen, wird er eher eine Antwort geben, als wenn Sie es nicht tun.

Blicke schaffen Kontakt

Beim Blickkontakt wird viel falsch gemacht. Häufige Fehler sind:

Häufige Fehler

- *Der Dozent sieht niemanden an.* Damit vertut er jede Möglichkeit, mit den Teilnehmern Kontakt aufzubauen. Abgesehen davon ist dies unhöflich.
- *Der Dozent sieht über die Köpfe der Teilnehmer hinweg.* Ein beliebtes Mittel, wenn sich Dozenten unsicher fühlen und sich nicht durch die Teilnehmer irritieren lassen wollen. Bitte schnell abbauen.
- *Der Dozent beschäftigt sich hauptsächlich mit seinen Unterlagen oder Medien.* Dabei sieht er kaum einmal zu den Teilnehmern auf. Häufig zu beobachten ist auch eine weitere Unart: Der Dozent spricht zur Tafel oder zur Wand. Ab und zu ist dies zu tolerieren, wenn es

nicht zu lange dauert. Bitte achten Sie auf dieses Verhalten und vermeiden Sie es.

- *Der Dozent sieht nur einige wenige Teilnehmer an.* Auch dies oft ein Zeichen der Unsicherheit. Meistens handelt es sich dabei um nette oder um besonders aktive Teilnehmer, die nicken und lächeln und einem damit Sicherheit geben.
- *Der Dozent sieht hauptsächlich zur linken oder rechten Tischseite.* Der Grund ist derselbe. Oft sitzen dort die meisten »Nicker« oder »Aktiven«.

 Überprüfen Sie beim nächsten Seminar, ob Sie zu einem dieser Fehler neigen. Benutzen Sie dazu eine Videokamera oder instruieren Sie vorher ein oder zwei Beobachter.

Natürlich bleiben

Für die richtige *Mimik* und *Gestik* im Unterricht gibt es eine ganz einfache Regel: Seien Sie natürlich. Nichts ist schlimmer als ein verkrampftes Mienenspiel und antrainierte Bewegungen der Arme, auch wenn in manchen Rhetorikseminaren etwas anderes vermittelt wird.

Bitte sehen Sie die folgenden Regeln für eine gute Gestik durch. Treffen sie Ihrer Meinung nach zu oder nicht? Begründen Sie Ihre Meinung:

Unruhige und hastige Bewegungen sollte man vermeiden.

Diese Regel: stimmt ☐ stimmt nicht ☐

Begründung:

Man sollte nicht die Arme vor der Brust verschränken, weil das eine Barriere aufbaut.

Diese Regel: stimmt ☐ stimmt nicht ☐

Begründung:

Große Menschen sollten sparsamer gestikulieren als kleine.

Diese Regel: stimmt ☐ stimmt nicht ☐

Begründung:

_____

Gestik mit nach oben gerichteten Händen ist bejahend, Gestik mit nach unten gerichteten Händen verneinend.

Diese Regel: stimmt ☐   stimmt nicht ☐

Begründung:

_____

Halten Sie Ihre Hände im Bereich oberhalb der Gürtellinie, dem so genannten positiven Bereich.

Diese Regel: stimmt ☐   stimmt nicht ☐

Begründung:

_____

Anmerkungen zu den Regeln

Allgemein gilt: Eine beidhändige Gestik ist meist wirksamer als eine einhändige. Es ist unabdingbar, dass die Gestik mit Ihren Aussagen übereinstimmt. Ansonsten erzeugt dies bei den Teilnehmern Unsicherheit. Sie werden eher der Gestik glauben als der verbalen Aussage.

Gestik muss zum Inhalt passen

- ■ Um souverän zu wirken, sollten Sie unruhige und hastige Bewegungen möglichst vermeiden.
- ■ Wenn Ihre Worte Offenheit signalisieren, sollte dies auch in Ihrer Mimik und Gestik zum Ausdruck kommen. Beispiel: Sie begrüßen die Zuhörer mit den Worten: »*Ich freue mich, Sie zu diesem Vortrag willkommen zu heißen.*« Dabei machen Sie ein missmutiges Gesicht und verschränken die Hände vor der Brust. Dies wirkt widersprüchlich.
- ■ Die Regel, dass große Menschen sparsamer gestikulieren sollten als kleine, ist in dieser Form nicht korrekt. Bestenfalls sollten sie ausladende Bewegungen mit den Armen in unmittelbarer Nähe von (sitzenden) Zuhörern vermeiden.

■ Gestik mit nach oben gerichteten Händen wird nicht durchweg als bejahend empfunden. Gestik mit nach unten gerichteten Händen nicht automatisch als verneinend. Diese Regel stimmt also nur tendenziell.

■ Das Gleiche gilt auch für die letzte Regel. Sie ist deshalb problematisch, weil sie zu einer unnatürlichen, verkrampften Gestik führen kann.

Nicht übertreiben

Generell lässt sich sagen: Nutzen Sie die Ausdruckskraft Ihrer Hände. Aber übertreiben Sie nicht. Wild herumzufuchteln ist ebenso wenig angebracht wie die Hände in den Hosentaschen oder hinter dem Rücken zu verstecken.

Lassen Sie die Hände von allein sprechen. Vermeiden Sie alles, was Ihre Natürlichkeit und Spontaneität beeinträchtigen könnte.

Probieren Sie einmal die folgenden kleinen Übungen aus. Sie üben dabei, etwas Gesagtes mit Handbewegungen zu unterstreichen.

Bitte lesen Sie die folgenden Zeilen und machen Sie eine passende Geste. Achten Sie darauf, dass die Gesten natürlich bleiben.

1. Bergauf und bergab.
2. Ein riesiges Haus mit einem ganz kleinen Garten.
3. Das kann man so sehen, aber auch anders.
4. Ich war so wütend, ich hätte alles zertrümmern können.
5. Jetzt ist Schluss!
6. Ich heiße Sie alle herzlich willkommen!

Für die Körpersprache gilt: Sie sollten sie sparsam und gezielt einsetzen und nichts übertreiben. Bleiben Sie vor allem natürlich.

Sitz- und Stehverhalten

In den folgenden Zeilen geht es um das *Sitz- und Stehverhalten* des Seminarleiters.

Überlegen Sie bitte: Wie wirkt es,

... wenn der Dozent hinter seinem Tisch sitzt?

... wenn der Dozent auf seinem Tisch sitzt?

... wenn der Dozent vor seinem Tisch – im Tischinnenkreis – steht?

... wenn der Dozent sich zwischen die Teilnehmer setzt?

Anmerkungen zum Sitz- und Stehverhalten

- Immer wenn Sie vortragen und präsentieren wollen, sollten Sie sich stellen.
- Immer wenn Sie dokumentieren wollen: »Jetzt möchte ich mit Ihnen reden«, sollten Sie sich setzen.
- Falls Sie die Distanz zwischen Teilnehmern und Ihnen verringern wollen, sollten Sie in den Tischinnenkreis wechseln.
- Wenn Sie dokumentieren wollen: »Ich bin einer von euch«, setzen Sie sich zwischen die Teilnehmer.

Das Verhalten und seine Wirkung

Überprüfen Sie in Gedanken einmal ihr »Sitz- und Stehverhalten«. Gibt es Möglichkeiten, es zu verbessern? Können Sie die einzelnen Formen gezielter einsetzen?

Schreiben Sie solche Verbesserungsmöglichkeiten auf.

_____

_____

_____

Was ziehe ich an? Wie trete ich auf? Unerfahrenen Dozenten fällt das Beantworten dieser Fragen nicht leicht. In jedem Fall sollten Sie auf ein gepflegtes Äußeres und auf angemessene Kleidung achten. Sind Sie un-

Auf die äußere Erscheinung achten

sicher, kleiden Sie sich lieber etwas zu elegant als zu sportlich. Der erste Eindruck ist sehr wichtig. Er sollte für Sie sprechen. Haben Sie Ihre Teilnehmer erst einmal kennen gelernt, können Sie schnell abschätzen, ob Sie mit der Kleidung richtig liegen oder sie gegebenenfalls noch korrigieren.

Unnahbarkeit nicht betonen

Achten Sie darauf, dass Sie sich nicht unvorteilhaft kleiden. Wenn Sie vom Typ her eher dunkel-unnahbar wirken, sollten Sie am ersten Tag nicht gerade mit einem anthrazitfarbenen Anzug oder einem schwarzen Kostüm im Seminar erscheinen.

Krawatte und Schuhe

Übrigens: Viele Teilnehmer achten auf den Sitz der Krawatte und schauen, ob die Schuhe zur Kleidung passen und geputzt sind.

Seien Sie gegenüber den Teilnehmern freundlich und aufgeschlossen. Zeigen Sie sich von Ihrer humorvollen Seite. Damit haben Sie bereits am Anfang bei den Teilnehmern einen Stein im Brett.

2.10 Teilnehmer einbeziehen

Jeder Vortrag gewinnt, wenn der Referent Gelegenheiten nutzt, die Teilnehmer zu aktivieren. Dazu gibt es verschiedene Möglichkeiten.

Fragen stellen

Eine einfache und nahe liegende Möglichkeit ist es, den Teilnehmern *Fragen* zu *stellen*. Selbst rhetorische Fragen, auf die Sie keine Antwort erwarten, sind ein erster Schritt in die richtige Richtung. Fast in jedem Vortrag gibt es Stellen, an denen Sie die Teilnehmer durch eine Frage einbeziehen können.

Erfahrungen einbeziehen

Ein praxisnaher Vortrag und damit ein praxisnaher Unterricht geht auch auf den Alltag der Teilnehmer ein. Lassen Sie die Teilnehmer von ihren *Erfahrungen* berichten:

- Wem ist es ähnlich ergangen?
- Wer hat andere Erfahrungen gemacht?
- Was lässt sich an allgemeinen Prinzipien aus diesen Erfahrungen ableiten?

Oft kommen Teilnehmer hauptsächlich in Seminare, um Erfahrungen mit Kollegen auszutauschen. Schaffen Sie ausreichend Gelegenheit dazu. Nicht zuletzt trägt dies auch dazu bei, dass die Teilnehmer sich besser kennen lernen und das Klima im Seminar günstig beeinflusst wird.

Erfahrungsaustausch ermöglichen

Werte raten oder schätzen lassen und *die Zuhörer zu kleinen Experimenten animieren* sind zwei Möglichkeiten, die Teilnehmer gern aufgreifen.

> *Raten Sie mal: Wie oft erzählt es durchschnittlich ein Kunde weiter, wenn er in einem Geschäft schlecht bedient worden ist?*

Natürlich sollte ein Vortrag – wie der gesamte Unterricht – interessant sein. Die Teilnehmer sollten Ihnen gern zuhören.

Ein Vortrag ist dann interessant, wenn
- er die Vorkenntnisse der Teilnehmer berücksichtigt, sie nicht über- oder unterfordert.
- er die Interessen der Teilnehmer trifft.
- der Dozent sich auch sprachlich auf die Teilnehmer einstellt.
- der Dozent gut vorträgt.
- der Dozent für Anschaulichkeit sorgt.

Merkmale interessanter Vorträge

Es gibt noch weitere Merkmale guter Vorträge. Sie sind so wichtig, dass ihnen auf den vorhergehenden Seiten eigene Abschnitte gewidmet sind.

Zu diesen Mermalen gehören:
- ein guter Einstieg und ein guter Abschluss,
- eine gute Gliederung und ein guter Aufbau,
- Verständlichkeit,
- eine geeignete Sprechweise,
- ein guter Blickkontakt,
- eine gute Gestik und
- eine gute Körperhaltung.

Weitere Merkmale

55

2.11 Umsetzung

1. Schreiben Sie sich alle wichtigen Punkte auf, die Sie umsetzen und ausprobieren wollen.
2. Formulieren Sie die Punkte so, dass sie möglichst konkret sind.
3. Legen Sie fest, welche Punkte Sie in welcher Reihenfolge in Angriff nehmen wollen.
4. Notieren Sie sich eine Frist.
5. Kontrollieren Sie, ob Sie den Punkt fristgerecht umgesetzt haben.

Diese Aspekte möchte ich umsetzen	Priorität	Termin	Erledigt
			☐
			☐
			☐
			☐
			☐
			☐
			☐
			☐
			☐
			☐
			☐
			☐
			☐
			☐

2.12 Fragen zum Verständnis

1. Welche Phase(n) eines Vortrages halten Sie für besonders wichtig? Begründen Sie bitte Ihre Meinung.

_____

_____

2. Warum ist es während eines Vortrags wichtig, regelmäßig am Ende eines Satzes eine Sprechpause vorzusehen?

_____

_____

3. Sie haben ein Thema, bei dem viele Fachbegriffe zum Verständnis des Stoffgebietes notwendig sind. Wie verhalten Sie sich?

_____

_____

4. Sie führen zum ersten Mal ein bestimmtes Seminar durch. Sie sind unsicher und wissen zudem, dass einige Teilnehmer dem Stoff sehr kritisch gegenüberstehen. Wie halten Sie es mit dem Blickkontakt?

_____

_____

5. Warum sollten Sie auch bei einem Vortrag die Teilnehmer einbeziehen?

_____

_____

2.13 Planungsaufgabe

Bitte suchen Sie sich eine Vortragssequenz aus Ihrem Unterricht heraus.

Erstellen Sie zu dieser Sequenz ein Ablaufschema. Notieren Sie hinter den einzelnen Phasen in Stichworten, wie Sie vorgehen bzw. was Sie sagen möchten.

Einleitung

Motivieren

Übersicht geben

Hauptteil

Teilthema 1

Motivieren

Orientieren

Bedeutung herausstellen

zum Thema sprechen

Ausführungen zusammenfassen

Übergang zum Teilthema 2

Teilthema 2 (muss in dieser Aufgabe nicht beschrieben werden)

Abschluss

Hauptaussage, Zusammenfassung

2.14 Reflexionsaufgabe

Nehmen Sie die CD-ROM zur Hand und sehen Sie sich die Videosequenz »Vorträge halten« an.

Wie beurteilen Sie die Vortragstechnik, Sprache und Körpersprache des Dozenten? Was beurteilen Sie positiv, was negativ?

Positiv

_____

_____

_____

_____

_____

_____

Negativ

_____

_____

_____

_____

_____

3 Unterrichtsgespräche führen

Teilnehmer aktivieren, Teilnehmer einbeziehen, Teilnehmer von ihren Erfahrungen berichten lassen und den Gedankenaustausch anregen – dies alles sind wichtige Ziele im Unterricht. Der richtige Weg dorthin führt über Gespräche.

Kein Unterricht funktioniert ohne das Gespräch mit den Teilnehmern. Die Vorteile und Möglichkeiten dieser Methode sind dazu einfach zu offensichtlich. Selbst wenn Sie bisher wenig mit dem Gespräch im Unterricht gearbeitet haben, sollten Sie es versuchen – in Ihrem Interesse und im Interesse Ihrer Teilnehmer.

Gespräche leben von der richtigen Fragetechnik. Auch wenn das vielen Dozenten nicht bewusst ist: Durch Fragefehler entstehen mehr Irritationen bei den Teilnehmern, als man gemeinhin denkt. Deshalb sollte jeder Dozent wissen, welche Fragen man wann im Unterricht einsetzt, welche Fragefehler es gibt und wie man sie vermeidet.

Dieses Kapitel liefert Ihnen Antworten auf Fragen wie:
- Wann ist ein Gespräch im Unterricht möglich?
- Welche Formen des Unterrichtsgespräches gibt es?
- Wie wird ein Unterrichtsgespräch strukturiert?
- Worauf muss ein Dozent beim Gespräch achten?
- Welche Frageformen gibt es?
- Welche Funktionen haben Fragen im Unterrichtsgespräch?
- Wie stellt man Fragen richtig?
- Wie wird eine Diskussion geleitet?

3.1 Form des Unterrichtsgespräches auswählen

Beim Gespräch lassen sich *Lehrgespräche* und *freie Gespräche* (Unterrichtsgespräche) unterscheiden. Bei Lehrgesprächen wiederum unterscheidet man eine darstellend-entwickelnde und eine fragend-entwickelnde Form.

Darstellend-entwickelnde Form

Bei der *darstellend-entwickelnden Form* steht der Dozent weiter im Mittelpunkt. Er trägt weiter vor, allerdings unterbrochen von kurzen Phasen, in denen er Fragen stellt, die von den Teilnehmern beantwortet werden.

Fragend-entwickelnde Form

Einem Gespräch im Sinne des Wortes kommt das fragend-entwickelnde Verfahren viel näher. Das Grundanliegen beim *fragend-entwickelnden Gespräch* ist der Versuch, das beim einzelnen Teilnehmer vorhandene Wissen zu aktivieren, zu systematisieren und allen verfügbar zu machen.

Ablauf eines Lehrgespräches

darstellend-entwickelnde Form	fragend-entwickelnde Form
kurzer Lehrvortrag des Dozenten	Frage oder Impuls des Dozenten
⬇	⬇
Frage oder Impuls des Dozenten	Antwort eines Teilnehmers
⬇	⬇
Antwort eines Teilnehmers	kurze Kommentierung/ Weitergabe/Auswertung
⬇	⬇
kurze Kommentierung/ Weitergabe/Auswertung	erneute Frage oder Impuls des Dozenten
⬇	⬇
kurzer Lehrvortrag des Dozenten	Antwort eines Teilnehmers
⬇	⬇
erneute Frage oder Impuls	usw.
⬇	
usw.	

62

Sind Sie noch unsicher in der Leitung von Gesprächen, probieren Sie zunächst ein darstellend-entwickelndes Unterrichtsgespräch aus. Sie haben dann noch die »Sicherheit« des Vortragenden, beziehen die Teilnehmer aber schon mit ein.

Eine methodische Variante im Gespräch ist die *Meinungsabfrage*. Sie geben den Teilnehmern Karten, bei denen auf der einen Seite JA, auf der anderen Seite NEIN steht. Eine andere Möglichkeit: Sie legen mit den Teilnehmern fest, dass eine Karte mit einer bestimmten Farbe JA bedeutet, eine andere Farbe NEIN. Dann stellen Sie verschiedene Aussagen in den Raum. Diese Aussagen können provokant sein und sollten immer Ausgangspunkt für eine Diskussion sein können. Die Teilnehmer entscheiden jeder für sich, ob sie der Aussage zustimmen oder nicht, und zeigen dies mit ihrer Karte an. Jetzt können Sie zwei Teilnehmer mit unterschiedlichen Wertungen heraussuchen und ihre Meinung begründen lassen – ein guter Ausgangspunkt für eine Diskussion.

Meinungsabfrage mit Karten

3.2   Unterrichtsgespräch strukturieren

Der Aufbau eines Unterrichtsgespräches sollte sich genauso an den Lernbedürfnissen der Teilnehmer orientieren wie ein Vortrag und wie jede andere Unterrichtsphase auch.

Wie ein Vortrag lässt sich auch ein Gespräch einteilen in die drei Phasen
1. Einstieg
2. Hauptteil
3. Abschluss

Drei Phasen

Am Anfang steht wieder die Motivation und Orientierung. Überlegen Sie, wie Sie die Hauptergebnisse des Gesprächs in einer Stichwortliste oder einer Grafik zusammenfassen können. Durch die Veranschaulichung wird das Ergebnis deutlich herausgestellt und besser behalten. Kein Gespräch ohne Visualisierung.

Ergebnisse visualisieren

Halten Sie wichtige Punkte stets auf Folie, Tafel, Stellwand oder Flipchart fest.

Aufbau eines
Gespräches

Einstieg	Motivieren	
	Orientieren	
Haupptteil	Teilthema 1	In das Teilthema einführen
		Leitfrage stellen
		Vorwissen der Teilnehmer erfragen
		Vorwissen systematisieren
		Vorwissen durch Informationen ergänzen
		Teilergebnisse zusammenfassen und veranschaulichen
	Übergang zum zweiten Thema schaffen	
	Teilthema 2	In das Teilthema einführen usw. wie unter Teilthema 1
	Teilthema 3	In das Teilthema einführen usw. wie unter Teilthema 1
Abschluss	Restfragen klären	
	Ggf. Lernerfolg kontrollieren	
	Zusammenfassen	

3.3 Gespräche steuern

Gruppengröße Wichtige Rahmenbedingungen für Gespräche sind die Gruppengröße und die Sitzordnung. Gespräche und Diskussionen sind nur möglich in einer Gruppe, die nicht zu groß ist. Sonst kommt kein richtiges Gespräch in Gang. Viele Seminare sind – so gesehen – eigentlich zu groß. Fünf bis neun Teilnehmer sind für einen Gesprächskreis ideal.

Sitzordnung Die Sitzordnung muss es zulassen, dass die Teilnehmer einander sehen können. Am besten ist eine kreisförmige oder runde Tischanordnung.

Nicht bloß Frage und Antwort Gespräche richtig zu leiten ist nicht einfach. Denn schnell wird daraus ein einseitiges und langweiliges Frage-Antwort-Spiel, bei dem es dem Dozenten nur darauf ankommt, die von ihm gewünschten Antworten herauszulocken. Vor allem beim fragend-entwickelnden Gespräch gibt es diese Gefahr. Die Initiative verbleibt beim Dozenten. Die Teilnehmer sollen seinem Gedankengang folgen und zu dem von ihm intendierten Ziel gelangen. Sie werden in die Rolle des Zulieferers gedrängt – nach dem Motto: *Die Teilnehmer raten, was der Dozent wissen will.*

Je freier das Gespräch, desto besser, wäre die logische Antwort. Allerdings beinhaltet ein Gespräch auf der anderen Seite immer die Gefahr, dass das eigentliche Thema ins Abseits gerät. Deshalb ist ein zweiter, wichtiger Punkt die Gesprächsführung. Die entscheidende Voraussetzung für eine gute Gesprächsführung wiederum ist eine gute Fragetechnik.

Thema im Auge behalten

Grundsätzlich muss ein Dozent ein Gespräch

- in Gang bringen,
- auf ein Ergebnis hinsteuern,
- in Gang halten,
- richtig auswerten.

Aufgaben des Dozenten

Ein Gespräch kommt oft nur langsam in Gang. Der Leiter kann helfen, indem er Fragen und Positionen formuliert, die zum Widerspruch reizen.

Möglichkeiten des Einstiegs in ein Gespräch

Wie bringe ich ein Gespräch in Gang?

- Mit einer offenen Frage das Gespräch einleiten:
  »Welche Punkte sind noch offen geblieben?«

- Nach Meinungen fragen:
  »Wie denken Sie darüber?«

- Von Erfahrungen berichten lassen:
  »Wie sah das bisher bei Ihnen aus?«

- Mit einer Episode beginnen:
  »In der Pause hörte ich…«

- Mit einem (Fall-)Beispiel beginnen:
  »In einer ähnlichen Abteilung bei…«

- Eine provokante These in den Raum stellen:
  »Dieser Plan ist für viele zu progressiv.«

- Emotionale Aspekte ansprechen:
  »Sie sind sicher skeptisch, mit Recht…«

- Mit einer Quiz-Frage beginnen:
  Wie hoch schätzen Sie den Anteil…

65

Am Gespräch sollten sich alle beteiligen. Deshalb sind *stille Teilnehmer* aufzumuntern. Schweifen Teilnehmer ab, müssen sie wieder an das Thema erinnert oder herangeführt werden.

Freies Gespräch Beim *freien Gespräch* hält sich der Dozent mit seiner Meinung zurück. Er wird zum Gesprächsteilnehmer wie alle anderen auch. Er darf sich nicht dazu verleiten lassen, Beiträge zu sortieren und zu bewerten oder anderweitig in das Gespräch einzugreifen.

Besseres Klima Offene Gespräche, die in vertrauensvoller Atmosphäre geführt werden, tragen zu einer Verbesserung des Seminarklimas bei. Sie sind besonders dann angebracht, wenn es um Erfahrungsaustausch oder die Erörterung von Problemen innerhalb der Lerngruppe oder auch mit dem Dozenten geht.

Der Dozent lenkt Der Dozent sollte wichtige Beiträge unterstreichen, wieder aufgreifen und schriftlich festhalten. Er sollte bei bedeutsamen und unklaren Aussagen auch nachfragen. Er gibt Zwischenzusammenfassungen und lenkt damit das Gespräch.

Außerdem sollte der Dozent zu allgemeine Aussagen und Behauptungen durch Beispiele belegen lassen und längere Zwiegespräche wieder für die gesamte Lerngruppe öffnen.

Beim Gespräch gibt es eine Reihe von Regeln, die alle Teilnehmer einhalten sollten. Tun sie es nicht, müssen Sie als Gesprächsleiter dafür sorgen.

Regeln für gute Gespäche Diese Regeln sind:
- keine langen Monologe einzelner Teilnehmer
- ausreden lassen
- keine Zweiergespräche zwischen einem Teilnehmer und dem Dozenten
- nicht vom Thema abkommen
- nicht durcheinander reden
- keine Expertengespräche führen

Was tun Sie, wenn eine dieser Regeln verletzt wird? Suchen Sie für jede Situation die passende Reaktion.

1. Ein Teilnehmer unterbricht wiederholt andere Teilnehmer, um dann ausführlich seine Meinung auszubreiten.
   Was tun Sie?

   _____

   _____

2. Ein Teilnehmer beginnt, mit dem Dozenten sehr spezielle Fragen zu erörtern, die die anderen Teilnehmer nicht interessieren (können). Allmählich bewegt sich das Gespräch vom eigentlichen Thema weg.
   Was tun Sie?

   _____

   _____

3. Zwei Teilnehmer – Experten auf diesem Gebiet – geraten in eine hitzige Diskussion um ein Detailproblem. Es geht darum, wer Recht hat. Zudem unterbrechen sie sich ständig.
   Was tun Sie?

   _____

   _____

Sie haben als Dozent das Recht und die Pflicht, in allen diesen Situationen steuernd einzugreifen. Nutzen Sie dabei die gesamte Palette Ihrer Möglichkeiten – vom missbilligenden Blick über eine beschwichtigende Gebärde bis zum Ignorieren von Meldungen und Ermahnungen.

Möglichkeiten des Eingriffs

Unterbrechungen sind unhöflich, erst recht, wenn man dann selbst nicht mehr zu reden aufhört. Wahrscheinlich ist in einem solchen Fall ein di-

Unterbrechungen

rekter Hinweis im Unterricht angebracht: »*Vielleicht können Sie Frau ... erst einmal ausreden lassen*« oder »*Wenn ich Sie unterbrechen darf... Die anderen haben bestimmt dazu auch Hinweise*«.

Fachgespräche *Fachgespräche* bergen immer die Gefahr in sich, dass Teilnehmer abschalten, weil sie »nicht mehr mitkommen«. Entstehen solche Gespräche häufiger oder dauern sie länger, wirken sie sich (fast) immer negativ auf die Motivation der anderen Teilnehmer aus. Versuchen Sie, solche Gespräche kurz zu halten, besser noch zu vermeiden – zum Beispiel mit dem Hinweis: »*Das ist sicher interessant. Aber wohl schon sehr speziell. Vielleicht können wir uns gleich in der Pause darüber ausführlich unterhalten.*«

Auch im dritten Fall sollten Sie eingreifend die Teilnehmer bitten, das Problem in der Pause zu diskutieren.

Weitere Aufgaben des Dozenten Neben solch regulierenden Aufgaben hat ein Dozent aber noch andere Funktionen im Gespräch:
- Er muss die Teilnehmer ermuntern, zu antworten.
- Er muss dafür sorgen, dass sich möglichst alle Teilnehmer am Gespräch beteiligen.
- Er muss das Gespräch wieder in Gang bringen, wenn es verebbt.

Teilnehmer zum Mitmachen ermuntern Welche Möglichkeiten hat ein Dozent, um Teilnehmer zu ermutigen, seine Fragen zu beantworten? Die beste Hilfe sind richtige Fragen: Sie sollten nicht zu leicht und nicht zu schwer sowie auf das Wissen und die Interessen der Teilnehmer abgestimmt sein. Außerdem kann der Dozent durch auffordernde Gesten oder ermutigende Worte versuchen, die Teilnehmer zur Mitarbeit zu bewegen.

Stille Teilnehmer ansprechen Was kann ein Dozent tun, wenn sich immer dieselben Teilnehmer am Gespräch beteiligen, andere dagegen sich gar nicht äußern? Auch hier sollte er versuchen, mit Blicken und Gesten stille Teilnehmer zu ermuntern. Man kann auch diese stillen Teilnehmer direkt ansprechen, aber möglichst nicht als Person, sondern nur als Gruppe – zum Beispiel: »*Was meinen die anderen dazu?*«

Und was kann ein Dozent tun, wenn das Gespräch verebbt? Als Erstes sollte er überlegen, ob das Gespräch oder zumindest ein Teilaspekt nicht tatsächlich hier abgeschlossen werden kann. Ansonsten kann er versuchen, über gezielte Fragen das Gespräch wieder in Gang zu bringen. Gut eignet sich dazu eine provozierende Aussage oder Frage.

Wie ein Gespräch abläuft und ablaufen kann, hängt sehr vom Vorwissen und den Vorerfahrungen der Teilnehmer und vom Thema ab.

> **Hinweise zur Gesprächsführung**
>
> Ein Seminarleiter hat beim Führen von Gesprächen vielfältige Aufgaben wahrzunehmen:
>
> - In das Thema einführen durch eine Frage, einen Impuls:
>   *»Was, glauben Sie, ist das schwierigste Problem bei…«*
>
> - Das Thema problematisieren:
>   *»Stellen Sie sich einmal vor, Sie…«*
>
> - Unterschiedliche Argumente sammeln:
>   *»Wir haben bisher nur die positive Seite gesehen. Gibt es…«*
>
> - Sich die Reihenfolge der Meldungen merken:
>   *»Als Erstes hat sich Herr Schmidt gemeldet…«*
>
> - Teilnehmeräußerungen aufgreifen:
>   *»Frau Müller hat gerade gesagt,…«*
>
> - Zum Sprechen aufmuntern:
>   *»Wollten Sie dazu etwas sagen?«*
>
> - Dafür sorgen, dass die Teilnehmer einander ausreden lassen:
>   *»Ich glaube, Frau Bauer war noch nicht fertig…«*
>
> - Gegensätze und Unstimmigkeiten deutlich machen:
>   *»Herr Meier scheint aber anderer Ansicht zu sein. Vielleicht können Sie dazu…«*
>
> - Abschweifende Teilnehmer zum Thema zurückführen:
>   *»Das ist sicher wichtig, aber wie kommen wir jetzt mit unserem eigentlichen Problem weiter?«*
>
> - Wesentliche Punkte herausstellen und Teilergebnisse zusammenfassen:
>   *»Wir können also bisher sagen,…«*
>
> - Das Ergebnis des gesamten Gesprächs zusammenfassen:
>   *»Die wesentlichen Punkte aus meiner Sicht sind…«*

Aufgaben des Dozenten bei der Gesprächsführung

Vorteile von Gespächen

Richtig eingesetzt, bietet ein Gespräch im Unterricht eine Reihe wichtiger Vorteile:

- Gute Ergebnisse sind in relativ kurzer Zeit zu erreichen.
- Die Teilnehmer werden selbst aktiv.
- Der Lernfortschritt kann stetig kontrolliert werden.
- Die Teilnehmer können ihre eigenen Erfahrungen einbringen. Der Praxisbezug wird dadurch verstärkt.

3.4 Frageformen auswählen

Funktionen

Fragen sind eines der wichtigsten Werkzeuge des Dozenten.
Durch Fragen

- schaffen Sie Kontakt,
- zeigen Sie Interesse,
- erhalten Sie Informationen,
- lernen Sie Ihre Teilnehmer kennen,
- kontrollieren Sie den Lernfortschritt,
- vermeiden Sie Unter- und Überforderung.

Dimensionen

Fragen haben also einerseits eine *sachliche* Dimension: Sie erhalten Informationen über Ihre Teilnehmer und können diese Informationen im Unterricht nutzen. Außerdem haben Fragen eine *zwischenmenschliche* Dimension: Sie schaffen Kontakt und verbessern das Klima.

Es gibt nur wenige Grundformen der Frage, die man aber ebenso variabel wie gezielt einsetzen kann.

Grundformen

Diese *Grundformen* sind:

1. Offene Frage (Beispiel: *»Wie geht es Ihnen heute?«*)
2. Geschlossene Frage (Beispiel: *»In welchem Jahr begann der erste Weltkrieg?«*)
3. Alternativfrage (Beispiel: *»Fahren Sie heute oder morgen?«*)

W-Fragen

Die häufigste Form bei offenen Fragen ist die *W-Frage*, die mit einem Fragewort (wer, wie, was, wieso, weshalb, wo, wozu, woher etc.) beginnt.

Zu den geschlossenen Fragen gehört auch die *Entscheidungsfrage*. Sie wird auch als Ja-und-Nein-Frage bezeichnet, weil man sie in der Regel nur mit Zustimmung oder Ablehnung beantworten kann.

Entscheidungs-frage

Bei *Alternativfragen* geben Sie nur zwei Möglichkeiten zur Auswahl vor. Alternativfragen kann man manipulativ einsetzen, indem man die Antworten, die einem lieb sind, vorschlägt und andere weglässt.

Alternativ-frage

Bitte suchen Sie jeweils Beispiele …
… für eine offene Frage:

… eine geschlossene Frage:

… eine Alternativfrage:

Die *offene Frage* eignet sich am besten, wenn Sie in ein Gespräch eintreten oder verschiedene Stellungnahmen erreichen wollen. Die offene Frage ist die Hauptform der Frage im Unterricht.

Offene Frage

Geschlossene Fragen zielen auf eine Entscheidung. Mit Entscheidungsfragen kann man kein Gespräch aufbauen.

Geschlossene Frage

Das folgende Beispiel zeigt, dass Sie keine geschlossenen Fragen stellen sollten, um ein Gespräch zu starten:

Der Dozent fragt: »Hat jemand von Ihnen schon mal Erfahrungen mit Entspannungstechniken gemacht?« Einige Teilnehmer antworten mit »Ja«. »Waren diese Erfahrungen positiv?« Wieder antworten einige mit »Ja«. »Konnten Sie damit Ihren Stress abbauen?« Wieder antworten einige mit »Ja«. Sie sehen: Mit geschlossenen Fragen erreichen Sie keinen sehr erfolgversprechenden Anfang.

Beispiel

71

Bitte suchen Sie zwei oder drei offene Fragen, um die Teilnehmer dazu zu bewegen, wie im obigen Beispiel über ihre Erfahrungen mit Entspannungstechniken – speziell zum Abbau von Stress – zu berichten.

Rhetorische Fragen

Neben diesen Grundformen gibt es zwei weitere besondere Typen: Auf folgende Fragen erwartet man keine Antwort.

»Als Nächstes sollte man sich fragen, warum…«
»Muss ich denn hier noch betonen, dass…«

Diese Fragen nennt man rhetorische Fragen.

Gliederungshilfe

Rhetorische Fragen lassen sich gut als Gliederungshilfe nutzen, indem man etwa bei einem Vorschlag oder einem Gespräch das Thema in Frageform formuliert.

»Ich möchte mit Ihnen über drei Punkte sprechen:
1. Was ist eigentlich Stress?
2. Wie entsteht er?
und
3. Was kann man dagegen tun?
…
Wir kommen jetzt zum zweiten Punkt: Wie entsteht Stress?«

All dies sind offene Fragen. Die zweite Frage kann rhetorisch sein, sie kann aber auch als *echte* Frage in das Thema einführen.

Suggestivfrage

Die zweite Sonderform ist die *Suggestivfrage*. Bei Suggestivfragen legt man die gewünschte Antwort dem anderen in den Mund. Typische Anfänge für suggestive Fragen sind:

- »Sie sind doch sicher mit mir der Meinung…«
- »Ich kann doch davon ausgehen, dass Sie – wie wir alle – auch…«

Suggestive Fragen sind manipulativ. Sie passen nicht zu einem offenen, partnerschaftlichen Klima im Unterricht.

Es gibt eine weitere Hilfe, Gespräche zu strukturieren und zu lenken: den *Frageimpuls*. Frageimpulse können sein:

Frageimpuls

- Kurze Äußerungen – der Dozent gibt Anstöße, hakt nach, öffnet das Gespräch:
    - »Genauer…«
    - »Stimmt das?«
    - »Andere Meinungen?«
- Der Dozent setzt Mimik und Gestik zum selben Zweck ein.
    - Der Dozent sieht jemanden auffordernd an.
    - Der Dozent sieht mit fragendem Gesichtsausdruck den Kreis der Teilnehmer an.
    - Der Dozent schweigt und wartet.
- Stumme Impulse – der Dozent zeigt auf eine Grafik, Folie, Skizze o. Ä.

Frageimpulse ergänzen Fragen. Richtig eingesetzt, können sie viel zu einem lebendigen Unterricht beitragen.

3.5 Fragen richtig einsetzen

Fragen im Gespräch
- führen zum Thema hin,
- steuern den Gesprächsverlauf,
- aktivieren und motivieren Teilnehmer,
- helfen zu strukturieren und Ergebnisse zu sichern.

Gleich zu Beginn steht meist eine *einleitende Frage*. Mit dieser Frage wird ein Problem vorgestellt und dem Gespräch die richtige Richtung gegeben. Die einleitende Frage wird auch als Leitfrage bezeichnet.

Einleitende Frage

Einleitenden Fragen kommt eine große Bedeutung zu. Daher sollten Sie besonderen Wert auf eine präzise Formulierung legen. Die Frage darf nicht zu eng sein. Außerdem muss sie inhaltlich für alle Teilnehmer nachvollziehbar sein.

So setzen
Sie Fragen
richtig ein

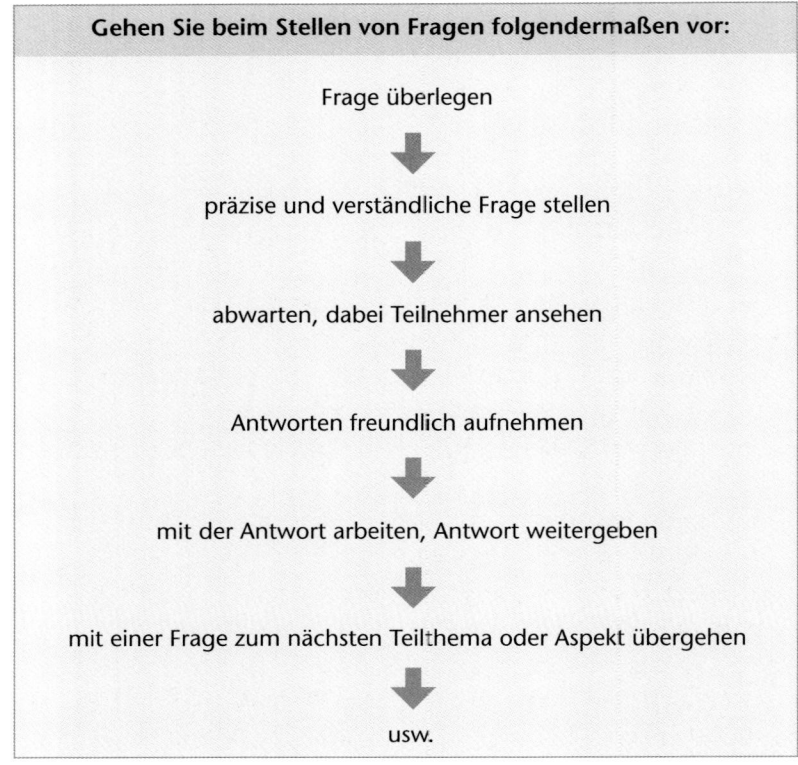

Gehen Sie beim Stellen von Fragen folgendermaßen vor:

Frage überlegen

⬇

präzise und verständliche Frage stellen

⬇

abwarten, dabei Teilnehmer ansehen

⬇

Antworten freundlich aufnehmen

⬇

mit der Antwort arbeiten, Antwort weitergeben

⬇

mit einer Frage zum nächsten Teilthema oder Aspekt übergehen

⬇

usw.

In jedem Fall sollten Sie das Gespräch mit einer offenen Frage beginnen. Sie soll zum Nachdenken anregen und zum Mitmachen motivieren. Deshalb sind (leicht) provokante Formulierungen häufig eine gute Hilfe.

Formulieren Sie die einleitenden Fragen bei Ihren Unterrichtsgesprächen vorab. Halten Sie sich im Seminar an diese Formulierungen.

Steuernde Frage

Steuernde Fragen beziehen sich sowohl auf den Ablauf des Gespräches als auch auf den Inhalt.

 Beispiel

»Gibt es noch weitere Aspekte, die wir noch nicht erwähnt haben?«
»Können wir wieder zum eigentlichen Thema zurückkehren?«

Motivationsfrage

Als Dozent ist es Ihre Aufgabe, möglichst alle Teilnehmer einzubeziehen. *Motivationsfragen* helfen Ihnen, ein Thema zu öffnen und die Teilnehmer dazu zu bringen, sich am Gespräch zu beteiligen.

74

»Sind alle dieser Meinung?«

»Haben Sie andere Erfahrungen gemacht?«

»Wer versucht, eine Gegenposition einzunehmen?«

Beispiel

3.6 Fragen richtig stellen

Viel zu oft verstehen Teilnehmer die Fragen des Dozenten nicht richtig. Sie sind nicht eindeutig, sprachlich unklar gefasst oder stehen nicht im Zusammenhang mit dem Thema. Ein Dozent überfordert seine Teilnehmer, wenn er von ihnen erwartet, dass sie seine unbekannten und unklar formulierten Gedankengänge in seinem Sinn nachvollziehen.

Teilnehmer nicht überfordern

Überlegen Sie deshalb bei zentralen Fragen genau, was Sie sagen:

- Ist die Formulierung für alle verständlich?
- Ergibt sich die Frage folgerichtig aus dem bisher Gesagten?
- Muss ich zu der Frage zusätzliche Erklärungen geben?

Es ist hilfreich, wenn Sie außerdem noch folgende Aspekte beachten:

- *Nicht mehrere Fragen nacheinander stellen (Kettenfragen):*
  Spätestens bei der dritten Frage wissen Ihre Teilnehmer nicht mehr, auf welche Frage sie denn nun antworten sollen. Dieser Fehler kommt häufiger vor, als man denkt.

- *Fragen immer an die Gruppe richten:*
  Erstens fühlen sich dann alle angesprochen, zweitens können beim Einzelnen negative Erfahrungen an die Schulzeit wach werden (Stichwort: Vokabelabfragen), wenn Sie einen Teilnehmer direkt ansprechen. Für diese Art, mit Teilnehmern umzugehen, gibt es zwei treffende Ausdrücke: Fingerüberfall und Teilnehmer aufspießen. Diese Regel gilt aber nur mit Einschränkungen: Als Dozent kann man im Unterricht immer dann eine Frage direkt an einen einzelnen Teilnehmer stellen, wenn es um Meinungen und Erfahrungen der Teilnehmer geht.

Alle ansprechen

»Herr Schmidt, Sie haben doch auch schon mit Azubis gearbeitet. Welche Erfahrungen haben Sie …?«

Beispiel

»Frau Schneider, ich sehe, dass Sie den Kopf schütteln. Darf ich fragen, ob Sie anderer Meinung sind?«

Fragen an einzelne Teilnehmer sollte man nicht stellen, wenn es um Wissen geht, eben wegen der negativen Vorerfahrungen mit Leistungskontrollen in der Schule und dem belastenden Gefühl, etwas nicht zu wissen oder zu können und sich damit lächerlich zu machen.

Nicht drängen

■ *Zeit zum Überlegen lassen:*
Es ist häufig bei Anfängern anzutreffen, dass der Seminarleiter nervös wird, wenn die Teilnehmer nicht sofort reagieren. Er gibt selbst die Antwort oder verfällt in Erläuterungen. Die Folge: Es machen sich vielleicht immer weniger Teilnehmer die Mühe, nachzudenken. Die Teilnehmer brauchen Zeit, um Ihre Frage zu verstehen und um sich eine passende Antwort zu überlegen. Bedenken Sie, dass sie nicht so im Stoff zu Hause sind wie Sie.

Wenn niemand antwortet

Was machen Sie aber, wenn gar keine Antwort kommt? Als Erstes sollten Sie sich fragen, woran dies liegen kann. Die wahrscheinlichste Möglichkeit: Die Frage war zu schwer, zu unklar formuliert oder ist ohne zusätzliche Informationen *nicht* zu verstehen. Ob es daran liegt, lässt sich teilweise schon mit einem Blick auf die Gesichter der Teilnehmer ermitteln. Ansonsten können Sie nachfragen.

Mögliche Reaktionen

Was Sie dann tun können:
- ■ Die Frage umformulieren.
- ■ Die Frage in mehrere Teilfragen aufgliedern.
- ■ Einen kurzen Informationsblock einschieben.
- ■ Durch aufmunternde Blicke die Teilnehmer auffordern zu antworten.

Weitere Gründe können mangelnde Motivation, Müdigkeit und Konzentrationsschwäche oder Konflikte in der Lerngruppe sein. Solche Faktoren wirken sich nicht nur auf die Beantwortung einzelner Fragen, sondern auf das gesamte Antwortverhalten und die Gesprächsbeteiligung aus. Da nützt dann auch die beste Frage nichts. Pausen, Gespräche oder motivierende Maßnahmen sind Mittel, die am ehesten greifen.

Es ist wichtig, dass Sie möglichst alle Teilnehmer ansehen, um zu überprüfen, ob alle die Frage verstanden haben, und um alle zum Nachdenken anzuregen.

Fragen als Strukturelement

Fragen können dabei helfen, ein Gespräch zu strukturieren. Möglichkeiten zur Strukturierung sind:

- Zwischenzusammenfassungen:
  »Wie könnte man das Ergebnis des bisherigen Gespräches in wenigen Worten beschreiben?«

- Hervorhebungen:
  »Welche Punkte sind genannt worden, die besonders wichtig sind?«

- Visualisierungen:
  »Was kann ich als wichtiges Ergebnis an der Tafel festhalten?«

- Resümee:
  »Wie würden Sie das Ergebnis nach dieser Diskussion zusammenfassen?«

Fragen können ein Gespräch strukturieren

Bewerten Sie die Antworten positiv. Je mehr Teilnehmer sich am Gespräch beteiligen, desto besser. Vor allem, wenn Sie auch die Teilnehmer einbeziehen können, die als »still« bezeichnet werden. Deshalb sollten Sie keine Antworten abwerten, sondern im Gegenteil mit einem freundlichen Nicken, einem kurzen Dank oder einem Lächeln quittieren.

Positiv reagieren

Was machen Sie, wenn Sie auf eine Frage von einem Teilnehmer eine falsche Antwort erhalten? Auf keinen Fall sollten Sie sich negativ äußern nach dem Motto *»Eine solch blöde Antwort kann auch nur von Ihnen kommen«.* Damit werten Sie nicht nur die Antwort ab, sondern gleich die ganze Person.

Falsche Antwort

Was können Sie also tun?

- So lange nachfragen, bis der Teilnehmer selbst auf die richtige Antwort kommt. Das sollten Sie aber nur versuchen, wenn Sie sicher sind, dass Sie den Teilnehmer zur richtigen Antwort führen können.

Teilnehmer hinführen

- Die richtigen Aspekte der Antwort oder die korrekte Denkrichtung aufzeigen und dann zur richtigen Antwort überleiten: *»Sie haben einen wichtigen Punkt genannt. Dazu gehören aber noch andere Punkte.«*

Überleiten

77

Das Beispiel zeigt, dass man aus der unkorrekten Antwort heraus wieder Fragen formulieren und an die Teilnehmer stellen kann.

Weitergeben

- Antworten weitergeben, die anderen Teilnehmer einbeziehen und um ihre Meinung bitten: »*Gerade hat Frau Krüger etwas Wichtiges gesagt…, vielleicht können Sie diesen Gedanken noch etwas weiterspinnen*«, »*Sind Sie alle dieser Ansicht?*«, »*Wer will dazu etwas sagen?*«.

Zurückstellen

- Antwort zurückstellen, um sie an anderer Stelle wieder aufzugreifen.

Tipps für den Einsatz von Fragen

> ### Wenn Sie im Unterricht Fragen stellen, empfiehlt es sich, folgende Ratschläge zu beachten:
>
> - Stellen Sie präzise und verständliche Fragen. Bevor die Zuhörer eine Frage beantworten können, müssen sie sie erst einmal verstehen.
> - Schauen Sie bei Fragen an die Gruppe möglichst alle Zuhörer an. So sprechen Sie alle an und erkennen am besten, ob die Frage verstanden wurde und wer sie beantworten will.
> - Geben Sie genügend Zeit zum Überlegen und zur Beantwortung der Frage. Formulieren Sie besser die Frage um und überprüfen Sie, woran es liegt, dass keiner antwortet (Frage zu schwer, Unlust, Müdigkeit, Lernstörungen, schlechtes Gruppenklima…).
> - Nehmen Sie die Antworten von Zuhörern in Ihre nächste Frage auf. Die Zuhörer fühlen sich bestätigt, und Sie haben einen guten Ausgangspunkt für die nächste Frage.
> - Vermeiden Sie Alternativfragen (Ja-Nein-Fragen). Sonst müssen Sie sich sofort wieder eine neue Frage ausdenken.
> - Stellen Sie nicht mehrere Fragen direkt hintereinander (Kettenfragen). Sonst wissen die Zuhörer nicht, auf welche Frage sie zuerst antworten sollen.
> - Richten Sie keine Wissensfragen an einzelne Zuhörer. Der betreffende Teilnehmer fühlt sich ertappt, falls er die Frage nicht beantworten kann.
> - Veranstalten Sie kein Frage-Antwort-Spiel. Versuchen Sie nicht, unbedingt aus den Zuhörern »herauszukitzeln«, was Sie gern hören möchten.

3.7 Diskussionen leiten

Bei einer Diskussion bleibt der Dozent möglichst im Hintergrund – bis auf drei Ausnahmen:

Im Hintergrund bleiben

1. Er muss die Diskussion in Gang bringen, die Grundthese in den Raum stellen – so formuliert, dass sie zu einer Stellungnahme reizt: Dies gelingt, indem er beispielsweise eine extreme Position präsentiert oder eine provozierende Frage stellt.
2. Er muss die Diskussion abschließen und eine Zusammenfassung geben. Dabei werden die Gemeinsamkeiten betont, strittige Punkte kenntlich gemacht, offene Fragen angesprochen und ein Resümee gezogen.
3. Er muss korrigierend eingreifen, wenn jemand gegen die Diskussionsregeln verstößt oder sich die Diskussion in eine falsche Richtung bewegt.

Besonders bei hitzigen Diskussionen müssen vorher die »Spielregeln« klar sein: Oberstes Verbot und gleichzeitig häufigster Verstoß ist das Unterbrechen des anderen. Machen Sie deshalb deutlich: Es kann immer nur einer reden. Erst zuhören, ausreden lassen, dann selbst sprechen.

Regeln vorab klären

Generell sollte der Dozent für einen fairen Diskussionsstil sorgen und vor allem Unterstellungen und persönliche Angriffe zurückweisen. Inhaltlich darf der Dozent Ziel und Thema der Diskussion nicht aus dem Auge verlieren. Bei Bedarf sollte er die Teilnehmer daran erinnern und sie zum Thema zurückführen.

Regeln für gelungene Diskussionen

Diskussionen gelingen, wenn alle Beteiligten folgende Regeln beachten:
<ul><li>zuhören</li><li>ausreden lassen</li><li>am Thema bleiben</li><li>Diskussion im Plenum, nicht mit dem Nachbarn</li><li>Beteiligung möglichst aller Teilnehmer</li><li>fair argumentieren</li><li>sachlich bleiben</li></ul>

3.8   Umsetzung

1. Schreiben Sie sich alle wichtigen Punkte auf, die Sie umsetzen und ausprobieren wollen.
2. Formulieren Sie die Punkte so, dass sie möglichst konkret sind.
3. Legen Sie fest, welche Punkte Sie in welcher Reihenfolge in Angriff nehmen wollen.
4. Notieren Sie sich eine Frist.
5. Kontrollieren Sie, ob Sie den Punkt fristgerecht umgesetzt haben.

Diese Aspekte möchte ich umsetzen	Priorität	Termin	Erledigt
			☐
			☐
			☐
			☐
			☐
			☐
			☐
			☐
			☐
			☐
			☐
			☐
			☐
			☐

3.9 Fragen zum Verständnis

1. Wann ist im Unterricht ein Gespräch möglich?

   _____

   _____

   _____

2. Welche Frageform eignet sich besonders gut als einleitende Frage im Gespräch?

   _____

   Warum?

   _____

   _____

   _____

3. Sie stellen zu Beginn des Seminars die Themen für den Tag vor und wollen wissen, welche Themen Sie besonders intensiv behandeln sollen.

   Welche Frage würden Sie stellen?

   _____

   _____

   Warum?

   _____

   _____

   _____

3.10 Planungsaufgabe

Entwerfen Sie die Skizze für ein Unterrichtsgespräch aus Ihrem Unterricht. Wie wollen Sie motivieren?

_____

_____

_____

_____

Wie wollen Sie orientieren?

_____

_____

_____

_____

Welche Teilthemen sollen angesprochen werden?

_____

_____

_____

Welches Ergebnis wollen Sie erreichen?

_____

_____

_____

3.11 Reflexionsaufgabe

Nehmen Sie die CD-ROM zur Hand und sehen Sie sich die Videosequenz
»Unterrichtsgespräche« an.

Wie beurteilen Sie
- den Einstieg des Dozenten in das Gespräch,
- den Aufbau und die Gliederung des Gesprächs,
- die Gesprächsführung,
- die Fragetechnik?

Was beurteilen Sie positiv, was negativ?

Positiv

_____

_____

_____

_____

_____

_____

Negativ

_____

_____

_____

_____

_____

4 Übungen durchführen

Es gibt vier Hauptgründe, warum Übungen im Unterricht eingesetzt werden sollten:

1. Die Teilnehmer wenden das Gelernte an und übertragen es auf neue Sachverhalte. Dabei erarbeiten sie selbstständig eine Problemlösung.
2. Die Teilnehmer sind aktiv. Damit erhöht sich wesentlich der Behaltenseffekt des neu erworbenen Wissens. Außerdem werden neue Fertigkeiten trainiert.
3. Der Bezug zur Praxis der Teilnehmer wird erhöht.
4. Der Unterricht wird abwechslungsreicher und somit motivierender.

Guter Unterricht umfasst immer Phasen, in denen die Teilnehmer das Gelernte üben sowie selbstständig und eigenverantwortlich anwenden können. Dies kann in Einzelarbeit, Partnerarbeit, Gruppenarbeit sowie Spielen erfolgen.

Dieses Kapitel liefert Ihnen Antworten auf Fragen wie:

- Wozu dienen Übungen im Unterricht?
- Worauf ist bei den Übungsmethoden zu achten?
- Welche Vor- und Nachteile hat die Einzelarbeit im Unterricht?
- Welche Vor- und Nachteile hat die Partnerarbeit im Unterricht?
- Welche Vor- und Nachteile hat die Gruppenarbeit im Unterricht?
- Wann setzt man Einzelarbeit, Partnerarbeit und Gruppenarbeit im Unterricht ein?
- Wann und wie lassen sich Spiele im Unterricht sinnvoll einsetzen?

4.1 Übungen im Unterricht einbauen

Der Stellenwert und die Bedeutung von Übungen im Unterricht lassen sich gut an einem Beispiel illustrieren: *Die Teilnehmer sollen die Bedienung eines Overheadprojektors kennen lernen.*

Keine bloße Theorie
Ein solches Ziel lässt sich in einem vortragsorientierten Unterricht nicht erreichen, denn das würde bedeuten:

- nur theoretisch die Bedienungselemente und Bedienung zu kennen
- still dazusitzen, ruhig zuzuhören und das vorgetragene Wissen nur passiv aufzunehmen

Beim Einsatz von Übungen (mit praktischer Arbeit am Gerät) bedeutet das

- die Bedienungselemente und die Bedienung zu kennen, aber auch
- die Bedienung des Overheadprojektors auszuprobieren, beispielsweise die Glühlampe zu wechseln, die Schärfe einzustellen usw.

Das zentrale Lernziel bleibt erhalten. Bei dem Einsatz von Übungen kommen wertvolle Nebenziele hinzu.

Viele Vorteile
Aus lerntheoretischer Sicht ergeben sich folgende Vorteile:

- Übungen dienen der Aktivierung der Teilnehmer. Aktive Teilnehmer lernen besser.
- Übungen tragen zur Motivierung bei.
- Partner- und Gruppenarbeit fördern die Kommunikation untereinander – dies ist ein weiterer lernfördernder Faktor.
- Übungen fördern die Übertragung des Gelernten durch größere Praxisnähe und individuelle Lösungen.
- Sie fördern die Selbstständigkeit, die Eigenverantwortung und das Selbstvertrauen der Teilnehmer.

4.2 Übungen richtig einsetzen

Drei Phasen
So unterschiedlich Übungen sind, eines ist ihnen gemeinsam. Alle Übungen laufen in drei Phasen ab:

1. Vorbereitung

2. Durchführung

3. Nachbereitung

Übungsmethoden zu nutzen bedeutet nicht, als Dozent nichts mehr zu tun zu haben. Der Einsatz von Übungen ist arbeitsintensiv, allerdings mit dem Unterschied, dass sich vieles vorbereiten lässt. Dies ist gerade für Anfänger ein wichtiger Punkt.

Zur Vorbereitung auf die Arbeitsphase – sei es Einzelarbeit, Partnerarbeit oder Gruppenarbeit – gehört zunächst das Formulieren der Aufgabe.

Aufgabe formulieren

Grundsätzlich kann für jeden Teilnehmer, jedes Paar oder jede Gruppe die Aufgabe gleich sein – oder die Aufgabe wird arbeitsteilig bearbeitet, das heißt, die Gesamtaufgabe wird in Teilaufgaben aufgeteilt.

Teilaufgaben

Bei der *arbeitsgleichen Aufgabe* ist die Auswertung einfacher, weil nur ein Teilnehmer vortragen muss und dann die anderen ergänzen können. Andererseits zeigt die Erfahrung, dass viele Teilnehmer ihre Ergebnisse gerne präsentieren. *Arbeitsteilige Aufgaben* brauchen zwar mehr Zeit bei der Auswertung – die Auswertung selbst ist aber für die Teilnehmer meistens interessanter.

Arbeitsgleiche oder -teilige Aufgaben

Ganz besonders wichtig ist eine klare *Aufgabenstellung*. Viel zu häufig passiert es, dass Teilnehmer am Ende der Arbeitsphase gestehen, sie hätten die Aufgabe nicht richtig verstanden – das bedeutet zehn, 20, vielleicht sogar 30 Minuten vergeudete Unterrichtszeit!

Eine klare Aufgabenstellung bedeutet:

Klare Aufgabenstellung

- Eine hinreichende Erläuterung des Grundes der Arbeitsphase
- Eine genaue Anweisung, was die Teilnehmer zu tun haben
- Eine genaue Beschreibung der erwarteten Ergebnisse
- Gegebenenfalls zusätzlich Angabe der Arbeitsschritte
- Eine genaue Vorgabe der Zeit, die zur Verfügung steht
- Zusätzlich möglichst ein Beispiel
- Hinweise zur Präsentation der Ergebnisse

Überzeugen Sie sich vor der Arbeitsphase, dass alle Teilnehmer die Aufgabe verstanden haben.

Schriftliche Anweisung

Am besten formulieren Sie die Arbeitsanweisung schriftlich. Schreiben Sie die Aufgabe an die Tafel, oder noch besser: Geben Sie ein Arbeitsblatt mit der genauen Anweisung aus. Dann können die Teilnehmer jederzeit die Aufgabe nachlesen.

Vielleicht gibt es eine Möglichkeit, die Arbeit zu strukturieren – zum Beispiel eine Liste mit Fragen oder eine Tabelle zum Ausfüllen.

Wissensstand berücksichtigen

Die beste Aufgabenstellung nützt wenig, wenn den Teilnehmern das Wissen fehlt, um die Aufgabe zu lösen. Überprüfen Sie deshalb zunächst, ob das notwendige Wissen vorhanden ist. Möglicherweise ist eine *Übung* in dieser Unterrichtssituation und bei diesen Teilnehmern nicht die richtige Methode.

Zu klärende Details

Zur Aufgabenstellung gehören neben der schriftlichen Anweisung:

- *Material*
  Falls die Teilnehmer für ihre Arbeit Material (Literaturauszüge, Gesetzestexte, Videoausschnitte u. Ä.) oder Hilfsmittel (Computer, Vordrucke, Taschenrechner u. Ä.) benötigen, stellen Sie sie rechtzeitig zur Verfügung.
- *Hinweise zum Auswertungsmodus*
  Bereits zu diesem Zeitpunkt sollten Sie eine klare Vorstellung darüber haben, wie die Arbeitsphase ausgewertet werden soll. Denn Sie müssen den Teilnehmern vorab mitteilen, wie und womit sie die Ergebnisse präsentieren sollen.
- *Wahl des Gruppensprechers*
  Machen Sie die Teilnehmer darauf aufmerksam, dass sie vorab selbst festlegen sollen, wer die Ergebnisse vorträgt. Damit ersparen Sie sich lange Diskussionen in der Auswertungsphase.
- *Verteilung auf die Gruppenräume*
  Schließlich müssen die Teilnehmer wissen, welche Gruppe sich wo trifft. Um hier ein Durcheinander zu vermeiden, sollten Sie bei Gruppenarbeit Themen, Räume und die zugehörigen Namen der Teilnehmer an der Tafel, auf dem Flipchart oder der Stellwand festhalten.
- *Zusammensetzung der Paare und Gruppen*
  Ungünstige Konstellationen bei der Zusammensetzung der Paare bzw. Gruppen können das Lernen behindern oder sogar verhin-

dern. Achten Sie auch darauf, dass nicht immer dieselben Teilnehmer zusammenarbeiten. Wenn Teilnehmer gar nicht miteinander harmonisieren, sollten sie nicht in derselben Gruppe zusammenarbeiten. Die wohl beste Möglichkeit zur Gruppenbildung ist die Zusammenstellung nach dem Interesse am Thema. Dieses Verfahren ist aber aufwendiger, als wenn der Dozent Gruppen willkürlich zusammenstellt. Wenn Sie die Teilnehmer sehr gut kennen, können Sie Gruppen zusammenstellen, die sich im Vorwissen und in ihren Erfahrungen gut ergänzen.

Die Zeit der *Durchführung* der Arbeitsphase sollte ein Dozent in zweierlei Weise nutzen. Zum einen hat er Zeit, die Auswertung vorzubereiten – etwa die Struktur einer Tabelle an die Tafel zu zeichnen. Zum anderen sollte er die Arbeit der Teilnehmer – ob einzeln, in Paaren oder in Gruppen – unaufdringlich und unauffällig beobachten und kontrollieren. Er sollte nur dann die Arbeit stören, wenn er auf offensichtliche Schwierigkeiten stößt.

Die Zeit nutzen

Grundsätzlich muss ein Dozent natürlich verfügbar und ansprechbar sein. Arbeitsphasen sind nicht dazu da, dem Dozenten Gelegenheiten zum Plausch oder zum Kopieren zu geben. Die Teilnehmer dürfen auf keinen Fall den Eindruck gewinnen, Sie bevorzugten solche Arbeitsphasen, um sich auszuruhen.

Ansprechbar bleiben

Für die *Auswertung* der Arbeitsphase muss genügend Zeit eingeplant werden. In der Regel dauert sie ähnlich lange wie die Arbeitsphase selbst. Wichtig ist, dass bei arbeitsgleichen Aufgaben alle Gruppen zu Wort kommen und ihre Ergebnisse vortragen können.

Auswertung

Da Auswertungsphasen langatmig werden können, ist grundsätzlich eine arbeitsteilige *Gruppenarbeit* vorzuziehen, weil dann jede Gruppe ein anderes Thema bekommt. Bei Einzel- und Partnerarbeit ist es unüblich, Teilnehmern unterschiedliche Arbeitsaufträge zu geben. Der Grund liegt in der (über)langen Auswertungsphase bei größeren Seminargruppen. Allerdings sollten Sie diese Möglichkeit nicht von vornherein ausschließen.

Eine gute Auswertungsphase hat folgende Struktur:

Ergebnisse präsentieren

Ergebnisse diskutieren

Einzelergebnisse zu einem Gesamtergebnis zusammenfassen

Gesamtergebnis festhalten

Möglichkeiten der Auswertung Bei der Auswertung von arbeitsgleichen Aufgabenstellungen kann man entweder nach jeder Ergebnispräsentation nach dem obigen Schema verfahren. Oder Sie lassen die Gruppen zuerst präsentieren, ohne dass die vorgestellten Ergebnisse diskutiert und gewertet werden. Allerdings sollte man Verständnisfragen zu jeder Ergebnispräsentation zulassen.

Ergebnisse festhalten Die *Ergebnisse* der Auswertung sollten immer schriftlich fixiert werden. Gut ist es, wenn am Ende der Auswertungsphase ein Gesamtergebnis als Übersicht an Tafel, Stellwand oder auf Folie steht.

4.3 Einzelarbeit als Übungsmethode nutzen

Einzelarbeit wird bereits in der Schule regelmäßig eingesetzt, allerdings wird sie hier meist als Stillarbeit bezeichnet. In der Regel dient Stillarbeit der Übung, Anwendung und Kontrolle neuen Lernstoffs. In der Erwachsenenbildung spielt Einzelarbeit nicht so eine große Rolle wie in der Schule. Das muss aber nicht immer so sein. Es kommt darauf an, sinnvolle, erwachsenengerechte Anwendungen zu finden.

Einzelarbeit einsetzen Möglichkeiten dazu bieten sich etwa, wenn die Teilnehmer
- sich kurz selbst Gedanken zu einem Thema machen sollen, etwa als Einstieg in ein Gespräch,

- ein Rätsel oder ein (kleines) Problem selbst lösen sollen,
- eine (kurze) Aufgabe selbstständig durchführen sollen,
- an individuellen Anwendungen des Gelernten arbeiten sollen,
- ihren Lernerfolg kontrollieren sollen
- und natürlich, wenn psychomotorische Ziele erreicht werden sollen (Bedienung von Maschinen u.a.).

Der Schwerpunkt der Einzelarbeit liegt eindeutig in der Anwendung und Übertragung von Wissen.

Überlegen Sie, ob Sie den Teilnehmern unterschiedliche Arbeitsaufträge geben wollen und können, um ihre Vorkenntnisse und den jeweiligen Leistungsstand zu berücksichtigen und auf diese Weise sowohl Unter- als auch Überforderung zu vermeiden.

Die Vorteile der Einzelarbeit liegen in der Selbstständigkeit der Arbeit und Leistung des einzelnen Teilnehmers. Dies erlaubt dem Dozenten eine individuelle Leistungskontrolle und Leistungsbewertung. Die Teilnehmer werden zur aktiven Teilnahme mehr oder weniger gezwungen. Dies wirkt sich positiv auf die Behaltensleistung aus. Außerdem trainieren die Teilnehmer ihre Konzentrationsfähigkeit.

Vorteile der Einzelarbeit

Jeder Einzelne kann außerdem sein Lerntempo selbst bestimmen und in Ruhe arbeiten: Für viele ist dies eine willkommene Abwechslung und stellt oft sogar eine Erholung vom anstrengenden Zuhören dar.

Persönliches Lerntempo

Besonders attraktiv für den Dozenten ist der geringe Organisationsaufwand bei der Einzelarbeit. Es müssen keine Gruppen gebildet und keine Tische gerückt werden. Geringer Organisationsaufwand bedeutet auch geringer Zeitaufwand.

Wenig Aufwand

Der Hauptnachteil der Einzelarbeit ist die fehlende Kommunikation zwischen den Teilnehmern. Kommunikation ist aber gerade ein wichtiger Faktor, der Lernen positiv beeinflusst. Die Teilnehmer können während der Arbeitsphase keine Meinungen und Erfahrungen austauschen und dabei lernen. Einzelarbeit kann natürlich auch nicht zum Kennenlernen untereinander und zur Verbesserung des Arbeitsklimas beitragen.

Keine Kommunikation

4.4 Partnerarbeit als Übungsmethode nutzen

Die Partnerarbeit steht zwischen Einzelarbeit und Gruppenarbeit. Sie ist leicht einzusetzen und vermeidet die Isolierung der einzelnen Teilnehmer.

Einsatz-möglichkeiten Die Einsatzmöglichkeiten sind vielfältig. Die Lernpartner können:

- Erfahrungen und Informationen austauschen
- gegenseitig Arbeitsergebnisse kontrollieren
- gemeinsam ein Problem oder ein Fallbeispiel bearbeiten

Partnerarbeit lässt sich noch vielfältiger einsetzen als Einzelarbeit: angefangen beim Einstieg in ein Thema über die eigenständige Erarbeitung eines Themas sowie die Anwendung und Vertiefung des Gelernten bis zum Üben, Wiederholen und Kontrollieren des Lernerfolgs.

Partnerarbeit ist die kleine Schwester der Gruppenarbeit. Sie bringt – vor allem bei komplexen Themenstellungen – nicht ganz so gute Ergebnisse, ist aber auch nicht so arbeits- und zeitaufwendig. Deshalb lässt sie sich auch einmal »zwischendurch« zur Aktivierung der Teilnehmer einsetzen.

Vorteile Vorteile der Partnerarbeit sind geringer Zeitaufwand, Aktivierung der Teilnehmer, Austausch von Gedanken und Erfahrungen, gegenseitiges Kennenlernen sowie eine Verbesserung des Arbeitsklimas.

Nachteile Während der Arbeitsphase lassen sich allerdings der Lernfortschritt und die Ergebnisse nur schwer kontrollieren. Die Auswertung ist wegen der vielen Teilergebnisse aufwendig.

Die Partner müssen passen Ein weiterer Nachteil kann aus dem ungleichen Wissensstand der Partner und deren unterschiedlichen Charakteren entstehen: Sitzt ein Besserwisser mit dominantem Charakter neben einem eher scheuen, unsicheren Teilnehmer, kann man bei einem solchen Paar kaum von Partnerarbeit sprechen. Ebenso problematisch kann eine Paarbildung aus Vorgesetztem und seinen Mitarbeitern sein – etwa bei Führungskräfteseminaren. Korrekterweise müsste man als Dozent solche Paarbildungen verhindern. Das ist aus zwei Gründen nicht leicht: Erstens muss man erst einmal erkennen, dass Teilnehmer nicht produktiv zusammenarbeiten können; zweitens muss man einen geeigneteren Partner finden.

4.5 Gruppenarbeit als Übungsmethode nutzen

Gruppenarbeit dient der Lösung komplexerer Probleme. Die unterschiedlichen Erfahrungen und das Wissen der Teilnehmer wirken sich dabei fruchtbar auf das Ergebnis der Arbeit aus. Deshalb sind solche Ergebnisse in aller Regel besser als die bei Einzel- und Partnerarbeit.

Mit Gruppenarbeit lassen sich besonders gut wertvolle Nebenziele erreichen: Kommunikation, Kooperation, Selbstständigkeit und Eigenverantwortung – um nur einige der Vorteile zu nennen.

Viele Vorteile

Die Gruppenarbeit ist die ideale Form, wenn ein (Neben-)Ziel die Verbesserung des Arbeitsklimas ist. Auch hinsichtlich der Motivierung und Aktivierung der Teilnehmer kann man der Gruppenarbeit gute Noten ausstellen. Die Kommunikationsfähigkeit, der Austausch von Meinungen und die Kompromissfähigkeit werden geschult.

Die Teilnehmer arbeiten weitgehend selbstständig und eigenverantwortlich. Die Folge sind meist ein hohes Engagement und eine hohe Identifikation mit den Ergebnissen. Mit Gruppenarbeit lassen sich hervorragende Arbeitsergebnisse erzielen, bei denen oft der Dozent selbst noch dazulernt.

Hochwertige Ergebnisse

Wichtige Nachteile der Gruppenarbeit sind die notwendige intensive Vorbereitung durch den Dozenten sowie die aufwendige Auswertung. Gruppenarbeit kostet Zeit.

Nachteile

Der Dozent gibt außerdem viel Verantwortung ab – auch im negativen Sinn. Er kann den Unterricht nicht kontrollieren wie etwa beim Vortrag oder beim Gespräch. Damit taucht auch ein Unsicherheitsfaktor auf. Genau voraussehen kann der Dozent die Ergebnisse der Arbeitsphase nie.

Unsicherheit

Ein weiteres Problem sind gruppendynamische Prozesse. Jede Gruppe muss sich »zusammenraufen«. Das kann schnell vonstatten gehen, es kann aber auch lange dauern. Im zweiten Fall vermindert dies die Qualität der Arbeitsergebnisse – ganz einfach, weil zu wenig Zeit für die inhaltliche Arbeit bleibt. Im Extremfall kann sich die Gruppe gar nicht auf ein Ergebnis einigen.

Die Gruppe braucht Zeit

93

4.6 Übungsformen im Unterricht einsetzen

Einzelarbeit   Die *Einzelarbeit*

- erfordert keinen großen Aufwand,
- kann man gut als Auflockerung im Unterricht einsetzen.

Maximal zehn Minuten   Der Einsatz der Einzelarbeit sollte sich auf einfache Fragestellungen beschränken und sie sollte zeitlich beschränkt sein. Fünf, maximal zehn Minuten – länger sollte solch eine Arbeitsphase nicht dauern. Ansonsten wiegt der Nachteil mangelnder Kommunikation zu stark.

Partnerarbeit   *Partnerarbeit* kann man immer dann einsetzen, wenn

- für die Lösung der Aufgabe ein Meinungsaustausch von Vorteil ist,
- man die Nachteile der Einzelarbeit vermeiden will – vor allem die fehlende Kommunikation,
- die Zeit keine Gruppenarbeit zulässt,
- die Aufgabe für die Behandlung durch eine Gruppe zu einfach ist,
- die Teilnehmer Gruppenarbeit nicht gewohnt sind und erst herangeführt werden sollen.

Gruppenarbeit   Die *Gruppenarbeit* ist immer dann sinnvoll, wenn

- komplexe Aufgaben gemeinsam gelöst werden sollen,
- unterschiedliche Vorkenntnisse und Erfahrungen bei den Teilnehmern vorliegen und diese Kenntnisse und Erfahrungen genutzt werden sollen, um ein abgerundetes Ergebnis zu erhalten.

Gruppenarbeit ist nur möglich, wenn

- ausreichend Zeit zur Verfügung steht,
- die Räumlichkeiten sich dazu eignen,
- die Teilnehmer in der Lage und willens sind, ein Ergebnis in der Gruppe zu erarbeiten.

Kombinationen   Einzelarbeit lässt sich auch mit Partner- oder Gruppenarbeit verbinden. Beispiel: Erst macht sich jeder Einzelne Gedanken zu einem Thema, dann werden die Ergebnisse in Partner- oder Gruppenarbeit diskutiert und zu einem Ergebnis zusammengetragen, anschließend erfolgt die Gesamtauswertung im Plenum. Ein solches Vorgehen erfordert natürlich viel Zeit und ist nur bei sehr wichtigen Fragestellungen sinnvoll.

4.7 Spiele im Unterricht einsetzen

Sie haben auch die Möglichkeit, *Rollenspiele* oder *Planspiele* im Unterricht einzusetzen, zumindest bei einer Reihe von Seminarthemen. Das Wort »Spiel« ist bei diesen Methoden nicht ganz richtig. Eigentlich werden Situationen simuliert.

Situationen simulieren

Der große Vorteil: Simulationen sind wirklichkeitsnah. Es ist viel plastischer, wenn Teilnehmer bestimmte Situationen und ein bestimmtes Verhalten durchspielten, als wenn sie nur darüber diskutieren.

Vorteil: Nähe zur Wirklichkeit

Weitere Vorteile:

- Mögliche negative Folgen bei falschen Entscheidungen treten bei der Simulation nicht auf.
- Handlungsalternativen können durchgespielt werden.
- Das Verhalten in Situationen verbessert sich.
- Einstellungen und Verhaltensweisen werden überdacht und hinterfragt.

Richtig angewendet haben Spiele einen hohen affektiven Lerneffekt mit Langzeitwirkung. Je realistischer dabei die Simulation ist, desto wirkungsvoller ist der Trainingseffekt.

Große Wirkungen

Ein *Rollenspiel* dient dazu,

- eigene Verhaltensweisen zu demonstrieren, um anschließend darüber diskutieren zu können,
- oder in die Rolle eines anderen zu schlüpfen.

Rollenspiel

Dieser Rollentausch hilft nicht nur, das Verhalten anderer Menschen besser zu verstehen. Er dient auch dazu, das eigene Verhalten und die eigenen Konfliktstrategien bewusster wahrzunehmen. Ausgangspunkt für ein Rollenspiel sollten immer die konkreten Erfahrungen der Seminarteilnehmer sein.

Was ganz wichtig ist: Ein Rollenspiel muss in das Unterrichtskonzept passen. Machen Sie niemals »auch mal ein Rollenspiel«. Fragen Sie sich vorher: Ist das die richtige Methode, um meine Lernziele zu erreichen?

Methode gezielt einsetzen

Freiwillige Teilnahme Erwachsene haben oft Schwierigkeiten mit einem solchen »Spiel«. Achten Sie aber auf jeden Fall darauf, dass die Teilnahme am Spiel selbst freiwillig ist.

Hoher Aufwand Das bekannteste Beispiel für *Planspiele* sind militärische Manöver. Da kämpft Blau gegen Grün, und die Toten sind selbstverständlich fiktiv. Ein Planspiel erfordert einen sehr hohen Vorbereitungs- und Durchführungsaufwand. Dafür kann man aber auch ganze Seminare auf einem Planspiel gründen. Durch den Einsatz des Computers sind in den letzten Jahren neue, interessante Möglichkeiten entstanden.

Abhängigkeit von Software Die Vorteile eines Planspiels liegen in der Simulation selbst komplexer Zusammenhänge. Das macht diese Methode sehr wirklichkeitsnah – allerdings nur, wenn man über die entsprechende Software verfügt. An einem Planspiel können viele Teilnehmer mitwirken, auch Gruppenarbeit ist möglich.

Frust nicht ausgeschlossen Neben dem hohen Aufwand liegt ein weiterer Nachteil in der Unwägbarkeit des Ausgangs. Das ist zwar wirklichkeitsnah, kann aber bei den Teilnehmern zu Frustrationen führen, wenn sie sich stunden- oder gar tagelang mit dem Spiel beschäftigen und am Ende als Verlierer dastehen. Wegen des hohen Aufwandes kann diese effiziente Methode nur selten in der Fort- und Weiterbildung eingesetzt werden.

4.8 Umsetzung

1. Schreiben Sie sich alle wichtigen Punkte auf, die Sie umsetzen und ausprobieren wollen.
2. Formulieren Sie die Punkte so, dass sie möglichst konkret sind.
3. Legen Sie fest, welche Punkte Sie in welcher Reihenfolge in Angriff nehmen wollen.
4. Notieren Sie sich eine Frist.
5. Kontrollieren Sie, ob Sie den Punkt fristgerecht umgesetzt haben.

Diese Aspekte möchte ich umsetzen	Priorität	Termin	Erledigt
			☐
			☐
			☐
			☐
			☐
			☐
			☐
			☐
			☐
			☐
			☐
			☐
			☐
			☐

4.9 Fragen zum Verständnis

Welche Übungsformen setzen Sie in folgenden Unterrichtssituationen ein?

1. Sie wollen als Einstieg in ein neues Stoffgebiet die Erfahrungen der Teilnehmer mit dem Thema sammeln.
   Methode:

   _____

   Ihre Begründung:

   _____

   _____

2. Sie wollen in einer Übung überprüfen, ob die Teilnehmer den Lernstoff verstanden haben.
   Methode:

   _____

   Ihre Begründung:

   _____

   _____

3. Nach einem theoretischen Vortrag über ein Stoffgebiet wollen Sie die Umsetzung des Gelernten im Berufsalltag von den Teilnehmern erarbeiten lassen. Sie sollen typische Situationen heraussuchen, bei denen das Wissen anwendbar ist.
   Methode:

   _____

   Ihre Begründung:

   _____

   _____

4.10 Planungsaufgabe

Überlegen Sie für eines Ihrer Seminarthemen, wie sich dort eine Übung einbauen ließe. Welche Methode wählen Sie? Wie soll die Übungsphase ablaufen? Zur Erläuterung genügen Stichworte.

Thema der Unterrichtseinheit

_____

Ziel der Übung

_____

_____

gewählte Übungsmethode

_____

Vorbereitung der Teilnehmer

_____

_____

Durchführung der Übung

_____

_____

Auswertung der Übung

_____

_____

4.11 Reflexionsaufgabe

Nehmen Sie die CD-ROM zur Hand und sehen Sie sich die Videosequenz »*Übungen durchführen*« an.

Was beurteilen Sie beim Dozentenverhalten positiv, was negativ?

Positiv

_____

_____

_____

_____

_____

_____

Negativ

_____

_____

_____

_____

_____

_____

5 Medien einsetzen

Wie wichtig die richtige Auswahl von Medien ist, haben Sie bereits erfahren. Doch der richtige Einsatz des richtigen Mediums ist ebenso wichtig. Denn Medien dienen dazu, den Lernstoff zu veranschaulichen, die Lernleistung zu verbessern und Lernschwierigkeiten zu verringern. Doch diese Funktion können sie nur erfüllen, wenn sie auch richtig eingesetzt werden. Besonders fünf Medien, die so genannten Lehr- oder Präsentationsmedien, sind für einen Dozenten von Interesse:

1. Overheadprojektor
2. Tafel
3. Flipchart
4. Stellwand (Metaplanwand)
5. Beamer

Darüber hinaus gibt es die so genannten Lernmedien. Sie unterstützen Teilnehmer bei Übungen und Wiederholungen.

Dieses Kapitel liefert Ihnen Antworten auf Fragen wie:
- Welche Funktionen erfüllen Medien?
- Welche Vor- und Nachteile haben die einzelnen Lehrmedien?
- Wann nutzt man im Unterricht welches Medium?
- Was muss ein Seminarleiter beim Einsatz von Medien beachten?

5.1 Medien richtig einsetzen

Für alle *Lehrmedien* gilt:

Medien sparsam einsetzen

- *Nicht zu viel auf einmal.*
  Zu viele Medien auf einmal können für den Lernerfolg ebenso hinderlich sein wie ein zu langer Einsatz eines Mediums, etwa eines einstündigen Films. Der Medieneinsatz darf nicht Selbstzweck werden. Nur bei einem gezielten und sparsamen Einsatz erfüllen Medien ihren Zweck, die Anschaulichkeit zu erhöhen und zu einem besseren Lernergebnis beizutragen.

Inhaltlich abstimmen

- *Die Inhalte müssen passen.*
  Medien müssen exakt auf die Inhalte abgestimmt sein. Sie dienen der Verdeutlichung von Inhalten. Was gezeigt wird, muss mit dem aktuellen Thema übereinstimmen. Setzen Sie also keine Folie und keinen Film ein, der nicht deckungsgleich ist mit Ihren Intentionen.

Umgang beherrschen

Es ist selbstverständlich, dass die Medien zur Verfügung stehen und funktionieren müssen. Außerdem muss der Dozent mit der Handhabung bestens vertraut sein, das heißt, er muss notfalls auch mal eine Glühbirne beim Overheadprojektor auswechseln können.

Für die einzelnen Medien gibt es zusätzliche Arbeitshinweise. Sie werden auf den folgenden Seiten erläutert.

5.2 Mit dem Overheadprojektor arbeiten

Viele Möglichkeiten

Der Overheadprojektor bietet sehr viele Einsatzmöglichkeiten: Man kann gut Teile abdecken, mit Overlays arbeiten, fertige Folien ergänzen und anderes mehr. Die vielfältigen Möglichkeiten, die sich durch die Folienprojektion eröffnen, sollten Sie auch wirklich nutzen. Es reicht nicht, eine geschriebene Seite Text auf Folie zu kopieren und dann aufzulegen.

Nicht überladen

Umfangreicher Text kann eine sinnvolle Unterstützung eines Vortrages sein. Wenige Stichworte – grafisch gut voneinander abgesetzt (Spiegelstriche, Nummerierung) – erfüllen jedoch häufig viel besser eine visuelle Unterstützungsfunktion.

102

Variationen der Schriftgröße und -stärke sowie der Farben dienen als Orientierungshilfe. Man sollte sich aber davor hüten, zu viel des Guten machen zu wollen, sonst schlägt der Effekt ins Gegenteil um. Mehr als maximal drei *Schriftgrößen*, *Strichstärken* oder *Farben* sind nicht sinnvoll.

Maximal drei Stile

Das *Layout* sollte für alle Folien gleich gehalten werden: Etwa über jeder Folie eine große dunkelblaue Überschrift, der Resttext kleiner und schwarz. Verwenden Sie für Markierungen kräftige Farben – am besten Rot, Grün oder Blau. Mit Grafiksoftware, aber auch schon mit Textverarbeitungsprogrammen und entsprechenden Druckern und Plottern lassen sich hochwertige Folien selbst herstellen.

Einheitliches Layout

Geben Sie den Teilnehmern Kopien der Folien. Sonst werden sicher einige Teilnehmer (vergeblich) versuchen, die Folientexte abzuschreiben.

Folien kopieren

Mit *Folien* können Sie Inhalte auch schrittweise erarbeiten. Dazu eignen sich gut »unvollständige« Folien, die gemeinsam mit den Teilnehmern ergänzt werden.

Schrittweise vorgehen

Einige Möglichkeiten sind:
- Abbildungen beschriften, Reihenfolgen festlegen
- Beziehungen herstellen
- Fehlende Teile ergänzen

Beschriften Sie die vorgefertigten Folien mit wasserlöslichen Stiften.

Besser ist es, wenn Sie einen Overheadprojektor mit Folienband nutzen können. Schieben Sie die Folie unter das Folienband. So können Sie das darüber liegende Folienband beschriften, die Folie bleibt unverändert.

Folienband verwenden

Oft findet man den Ratschlag, Folien mit viel Text zunächst abzudecken und dann satzweise zu besprechen. Dieser Rat ist problematisch. Denn erstens sollte man keine Folie mit viel Text einsetzen und zweitens können sich die Teilnehmer keinen Überblick verschaffen, wenn sie nur eine Zeile sehen.

Man kann auch mehrere Folien nacheinander übereinander legen, um so Schritt für Schritt ein komplexes Bild aufzubauen und damit das Ver-

Overlays

103

ständnis eines komplizierten Sachverhalts zu erleichtern. Bei mehr als drei Folien nimmt aber die Lichtdurchlässigkeit und damit die Lesbarkeit merklich ab.

> **Arbeiten mit dem Overheadprojektor**
> ☐ Funktion des Overheadprojektors vorab kontrollieren
> ☐ Schärfe des Bildes korrekt einstellen
> ☐ Umschaltung auf zweite Lampe möglich? Ersatzlampen vorhanden?
> ☐ Folienschreiber vorab ausprobieren
> ☐ Bei jeder neuen Folie kontrollieren: Alles zu sehen? Bild gerade? Bild zu hoch?
> ☐ Das Gerät stört nicht den Blick der Teilnehmer auf das projizierte Bild.
> ☐ Das Schreiben ist ohne Probleme im Sitzen und im Stehen möglich.

Wichtige Ratschläge

Mit dem Beachten der folgenden Ratschläge können Sie den Einsatz des Overheadprojektors perfekt machen:

- Zum Hinweis auf bestimmte Punkte Filzschreiber o. Ä. verwenden, nicht die Hand
- Nicht umdrehen und an der Wand zeigen
- Beim Schreiben nicht das Bild mit dem eigenen Körper verdecken
- Folien unter Rollfolie schieben oder zweite Folie zum Beschriften darüber legen
- Bei eingerahmten Folien Stichworte auf den Rand schreiben und als Merkhilfe nutzen
- Bei komplizierten Zusammenhängen und bei Erarbeitung mit Overlays arbeiten
- Folie als Kopiervorlage für Arbeitsblätter nutzen
- Eventuell beim Vorlesen einer vorbereiteten Folie Text nacheinander aufdecken
- Nur das vorlesen, was tatsächlich auf der Folie steht

Folien anmoderieren

Der Overhead-Projektor gibt Ihnen die interessante Möglichkeit, die Aufmerksamkeit auf Ihre Visualisierung zu konzentrieren. Schalten Sie den Projektor daher erst dann an, wenn das Bild an der Reihe ist, das heißt, wenn es dramaturgisch in den Unterricht passt. Oft empfiehlt sich eine Anmoderation. Sie erklären erst, was die Teilnehmer gleich auf der Folie sehen, dann schalten Sie den Projektor an. Und wenn das Bild projiziert wird, lassen Sie es wirken: Reden Sie nicht.

Der Grund für diese Regeln ist einfach: Die Teilnehmer sollen sich entweder auf das konzentrieren, was Sie sagen, *oder* auf das, was Sie zeigen. Aus demselben Grund sollten Sie den Projektor ausschalten, wenn das Bild nicht mehr im Mittelpunkt steht. Es lenkt sonst nur ab.

Hinweise für die Herstellung und den Einsatz von Folien

☐ Nicht zu viele Informationen auf eine Folie

☐ Übersichtlichkeit durch einfache Gliederung wahren

☐ Möglichst nicht mehr als sechs Zeilen Schrift

☐ Schriftgröße beachten (mindestens vier Millimeter)

☐ Von Vorlage Kopien anfertigen

☐ Folien nicht nur für Schrift, sondern auch für Zeichnungen nutzen

☐ Folie lange genug auflegen

☐ Den Arbeitsprojektor erst anschalten, wenn die Information gebraucht wird

☐ Folie aus der Hülle nehmen oder spezielle Folienhüllen (Flipframes) verwenden

☐ Komplizierte Zusammenhänge durch mehrere Folien auflösen

Oft ist die Overhead-Projektion unscharf, das Bild schräg oder nur teilweise zu sehen. Wenn Sie eine neue Folie auflegen, sollten Sie deshalb immer kurz prüfen, ob alles in Ordnung ist.

Jede Folie kurz prüfen

5.3   Mit dem Flipchart arbeiten

Das Flipchart eignet sich gut, um Ergebnisse festzuhalten oder schnell einen Zusammenhang grafisch darzustellen.

Umgang mit dem Flipchart

☐ Prüfen Sie vorab, ob die Aufstellung korrekt ist: Ist das Flipchart für alle gut zu sehen?

☐ Prüfen Sie auch die Stifte vorab.

☐ Zeichnen Sie bei komplizierten Grafiken mit Bleistift vor.

☐ Verdecken Sie das Blatt nicht beim Schreiben.

Nützliche Tipps Um das Flipchart wirkungsvoll einzusetzen, empfiehlt es sich, folgende Tipps zu beachten:

- Erst schreiben, dann sprechen oder erst sprechen, dann schreiben.
- Schreiben Sie möglichst nur Stichworte auf.
- Schreiben Sie groß genug und schreiben Sie leserlich – am besten in Druckbuchstaben.
- Benutzen Sie verschiedene Strichstärken.
- Setzen Sie Farbe gezielt ein.
- Hängen Sie wichtige Blätter im Raum auf.
- Blättern Sie bei Wiederholungen zurück.

Umgang vorher üben Einen neuen Flipchart-Block richtig einzulegen und einzelne Blätter abzureißen, muss man vor dem Einsatz üben. Das ist nämlich je nach Flipcharttyp gar nicht so einfach.

5.4 Mit der Stellwand arbeiten

Die Arbeit mit der Stellwand macht wenig Probleme. Allerdings will das Anheften mit Nadeln geübt sein. Die besten Methoden: langsam, mit Gefühl und stetigem Druck oder schnell und kräftig. Darüber hinaus gilt:

Arbeiten mit der Stellwand
☐ Vorab Aufstellung prüfen: Ist die Stellwand für alle gut zu sehen?
☐ Stecknadeln, Stifte und Karten bereitlegen
☐ Sicherstellen, dass genug Platz vorhanden ist, um die Stellwand problemlos umdrehen zu können

Weitere Hinweise Beim Arbeiten mit der Stellwand ist es empfehlenswert, auf folgende Aspekte zu achten:

- Nutzen Sie die verfügbaren Karten, Symbole und Stifte gezielt und einheitlich.
- Verwenden Sie unterschiedliche Farben.
- Variieren Sie die Schriftgröße.

Allerdings sollte eine Logik erkennbar sein. Vereinbaren Sie ggf. vorab Regeln, was welche Farbe oder Schriftgröße bedeutet.

Stellwandrückseiten können Sie schon in der Pause vorbereiten. Falls Sie Zeichnungen anfertigen wollen, heften Sie Packpapier auf die Stellwand.

Rückseite vorbereiten

Immer wieder kommt es vor, dass ein Fuß abgeht. Überzeugen Sie sich vor dem Seminar, ob beide Füße fest angeschraubt sind.

5.5 Mit dem Beamer arbeiten

Der Beamer eröffnet für Präsentationen im Unterricht die meisten Möglichkeiten. Viele Farben, Formen, Effekte und Techniken stehen einem zur Verfügung, bis zur Einbindung von Ton und Video. Aber denken Sie daran: Nicht alles, was machbar ist, sollte auch gemacht werden. Die Funktion hat immer Vorrang vor der Form. Alles, was Sie in die Präsentation einbauen, sollte Ihrer Aussage und Ihrem Ziel dienen und nicht ablenken.

Rückseite vorbereiten

Bevor Sie den Beamer gegenüber dem Overheadprojektor bevorzugen, bedenken Sie: Sie können den Beamer nicht mal kurz abschalten wie den Tageslichtprojektor und damit Wirkung erzielen.

Umgang mit dem Beamer

Machen Sie sich mit der Technik vertraut:

☐ Wie schaltet man das Gerät an, wie wieder aus?

☐ Wie schließt man den Computer an?

☐ Wie lange braucht das Gerät, um warm zu laufen?

☐ Muss der PC von Bildschirmdarstellung auf den Beamer umgeschaltet werden?

☐ Wie sieht die Projektion aus?

☐ Ist das Gerät lichtstark genug?

☐ Muss verdunkelt werden?

☐ Ist der Beamer richtig justiert?

☐ Sind Farben und Schrift gut erkennbar?

Beim Einsatz eines Beamers sollten Sie genauso vorgehen wie beim Einsatz einer Videosequenz: gezielt einsetzen, spätestens nach zehn bis 15 Minuten das Medium wechseln.

5.6 Umsetzung

1. Schreiben Sie sich alle wichtigen Punkte auf, die Sie umsetzen und ausprobieren wollen.
2. Formulieren Sie die Punkte so, dass sie möglichst konkret sind.
3. Legen Sie fest, welche Punkte Sie in welcher Reihenfolge in Angriff nehmen wollen.
4. Notieren Sie sich eine Frist.
5. Kontrollieren Sie, ob Sie den Punkt fristgerecht umgesetzt haben.

Diese Aspekte möchte ich umsetzen	Priorität	Termin	Erledigt
			☐
			☐
			☐
			☐
			☐
			☐
			☐
			☐
			☐
			☐
			☐
			☐
			☐
			☐

5.7 Fragen zum Verständnis

1. Welches Medium ist zur Unterstützung eines Vortrags am besten geeignet? Begründen Sie Ihre Meinung.

_____

_____

_____

_____

_____

2. Welches Medium ist zur Ergebnissicherung während eines Gesprächs am besten geeignet? Begründen Sie Ihre Meinung.

_____

_____

_____

_____

3. Welches Medium ist als Hilfe bei der Durchführung und Auswertung einer Gruppenarbeit am besten geeignet? Begründen Sie Ihre Meinung.

_____

_____

_____

_____

5.8   Reflexionsaufgabe

Nehmen Sie die CD-ROM zur Hand und sehen Sie sich die Videosequenz »*Medien einsetzen*« an.

Wie beurteilen Sie den Medieneinsatz und den Umgang mit den Medien durch den Dozenten? Was beurteilen Sie positiv, was negativ?

Positiv

_____

_____

_____

_____

_____

_____

Negativ

_____

_____

_____

_____

_____

_____

6   Lerngruppen moderieren

Teilnehmer besuchen ein Seminar, um Neues, für sie Wichtiges und Interessantes zu erfahren, um mit anderen über ihre Erfahrungen zu reden, sich auszutauschen und Lösungen für ihre Probleme zu erhalten.

Um diesen Wünschen gerecht zu werden, ist ein Erfahrungsaustausch in Form von Gesprächen oder Partner- und Gruppenarbeit im Unterricht wichtig. Auch Rollen- und Planspiele eignen sich gut für den Erfahrungsaustausch und für die Diskussion von Problemlösungen.

Man kann aber noch mehr tun und beispielsweise die Teilnehmer an der Themenauswahl beteiligen, gemeinsam die Probleme definieren und zusammen Lösungsvorschläge erarbeiten. Für diese sehr demokratische Form des Unterrichts gibt es die Moderationstechnik.

Moderationstechnik ist ein Sammelbegriff für verschiedene Verfahren, die alle ein gemeinsames Ziel haben: die Teilnehmer zu aktivieren und den Unterricht besser auf die Wünsche und Bedürfnisse der Teilnehmer abzustimmen.

Der Schwerpunkt liegt auf der Visualisierung von Meinungen, von Ergebnissen usw. Moderationstechnik kann man im Unterricht gezielt als Ergänzung zu den traditionellen Methoden einsetzen. Man kann aber auch seinen Unterricht durchgängig »moderieren«.

Dieses Kapitel liefert Ihnen Antworten auf Fragen wie:
- Was heißt moderieren?
- Welche Hilfsmittel braucht man bei der Moderationstechnik?
- Wie kann ich die Moderationstechnik im Unterricht einsetzen?
- Wie lassen sich ganze Unterrichtssequenzen moderationsgestützt gestalten?

Die Teilnehmer müssen mitziehen

Voraussetzung für den Einsatz von Moderationstechniken ist wie bei einem Gespräch oder einer Gruppenarbeit, dass das Seminar nicht nur auf Wissensvermittlung zielt, sondern dass bereits unterschiedliche Vorerfahrungen bei den Teilnehmern vorhanden sind. Außerdem erfordern diese Methoden eine hohe Eigeninitiative von den Teilnehmern und die Bereitschaft, Verantwortung für das Unterrichtsgeschehen und die Ergebnisse des Unterrichts zu übernehmen. Sind diese Voraussetzungen gegeben, kann der Unterricht spürbar von diesen Methoden profitieren.

6.1 Moderation vorbereiten

Was Sie alles brauchen

Handwerkszeug eines Moderators sind hauptsächlich Stellwände, Packpapier, farbige Karten und Filzstifte. Erste Bedingung für den Einsatz der Moderationstechniken ist ein großer Seminarraum, in dem mindestens vier Stellwände platziert werden können. Zusätzlich sollten Sie die Möglichkeit haben, Plakate an den Wänden aufhängen zu können. Am besten eignen sich dazu Schienen, Tesakrepp genügt aber auch. An die Stellwände wird das Packpapier geheftet.

Stifte und Karten

Als Nächstes brauchen Sie dicke Filzstifte in den Farben Rot, Grün, Blau und Schwarz – möglichst auch noch in zwei Größen. Jetzt fehlen nur noch Klebepunkte und farbige Karten. Diese Karten gibt es in rechteckiger Form, rund, oval, als Streifen oder als Wolken – natürlich wieder in verschiedenen Farben. Man kann Stifte und Karten – meist kombiniert mit Tesakrepp, Schere, Nadeln u. Ä. – als Moderationskoffer kaufen. Sie können sich aus farbigem Papier aber auch selbst Karten schneiden oder stanzen. Das ist erheblich preiswerter.

Regeln für Stifte und Karten

Einige Regeln zum Umgang mit Stiften und Karten:

- Schreiben Sie grundsätzlich auf rechteckige Karten.
- Ergänzungen gehören auf ovale Karten.
- Wolken, Streifen und Kreise dienen meist der Gliederung und als Überschriften.
- Schreiben Sie grundsätzlich schwarz. Wichtige Punkte heben Sie mit roter Schrift hervor.
- Überschriften schreiben Sie am besten mit einem dicken Filzstift.

6.2 Moderationstechniken einsetzen

Es gibt verschiedene Techniken für unterschiedliche Einsatzgebiete. Sie werden auf den folgenden Seiten beschrieben.

Punktabfrage

Das Vorgehen bei der Punktabfrage ist einfach. Sie geben eine Frage vor, schreiben sie auf die Stellwand, geben jedem Teilnehmer einen Klebepunkt und bitten ihn, nach vorn zu gehen und zu »punkten«.

Punkte aufkleben

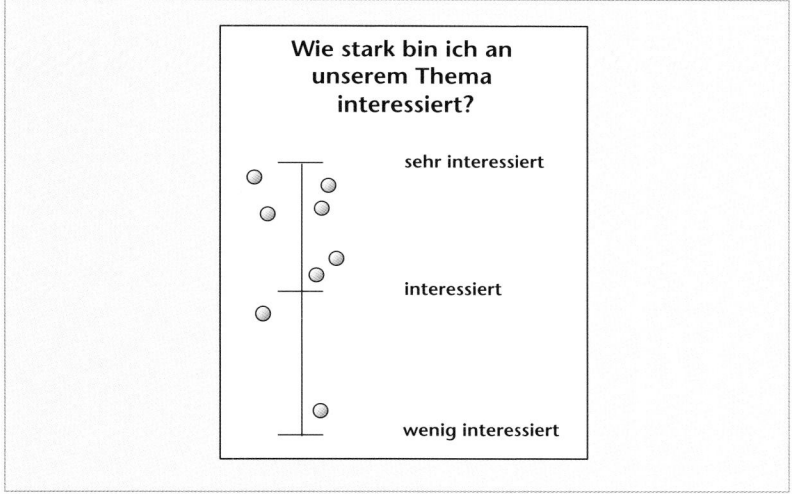

Beispiel für eine Punktabfrage

Mit dieser Technik können Sie gut

Einsatzmöglichkeiten

- *Entscheidungen herbeiführen*

  Sie geben verschiedene Alternativen vor – etwa Themen für eine Abendveranstaltung – und lassen die Teilnehmer »punkten« und damit das auswählen, was die meisten wollen. Oder Sie lassen die Themen auswählen, zu denen eine Gruppenarbeit durchgeführt werden soll.

- *Tendenzen feststellen*

  Sie stellen beispielsweise durch »Punkten« fest, welche Themen die Teilnehmer gern im Unterricht zusätzlich behandelt haben wollen.

113

- *Rangfolgen festlegen*
  Die Teilnehmer legen beispielsweise fest, in welcher Reihenfolge
  Themen besprochen werden sollen.

- *Stimmungen abfragen*

Barometer Sie malen z. B. ein Barometer an die Tafel, schreiben darüber: »So
  fühle ich mich momentan« und lassen die Teilnehmer punkten.

Zweidimensio- Sie können auch mit einem zweidimensionalen Feld arbeiten.
nales Feld Dann schreiben Sie beispielsweise an die X-Achse »Stimmung im
  Seminar« und an die Y-Achse »Lernerfolg«. Die beiden Achsen erhalten dann noch die Bezeichnung »schlecht/gut« beziehungs-
  weise »gering/hoch«. Jetzt können Sie die Teilnehmer wieder
  »punkten« lassen.

Stimmungsbild
per Punkt-
abfrage

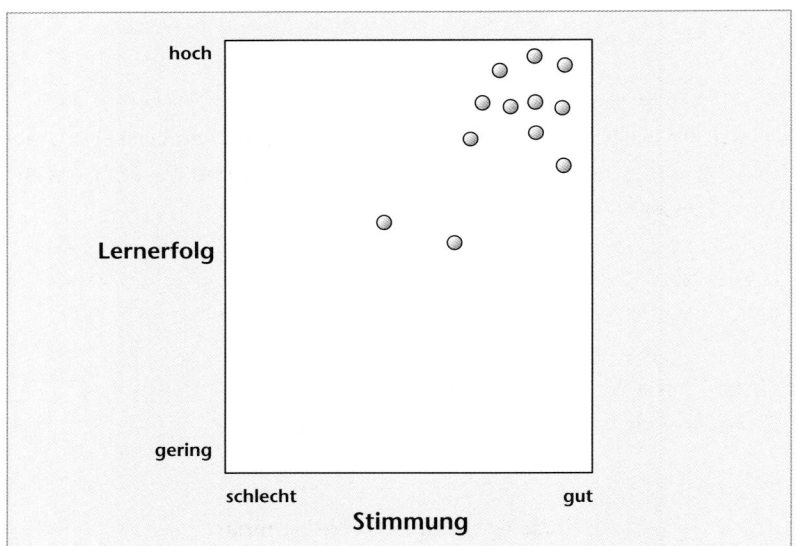

Zurufabfrage

Äußerungen Die Teilnehmer äußern ihre Meinung oder ihre Wünsche zu einem be-
zentral stimmten Thema durch Zuruf. Der Dozent oder ein Teilnehmer schreibt
sammeln alles direkt auf das Flipchart oder auf Karten und heftet sie anschließend
  an die Stellwand. Die Äußerungen erfolgen spontan. Um ein kreative-
  res Klima zu schaffen, werden sie nicht kommentiert. Werden die Äu-

114

ßerungen auf Karten gesammelt, können sie anschließend gemeinsam auf der Stellwand geordnet werden.

Zuruf-Abfragen sind immer dann sinnvoll, wenn Sie schnell ein Meinungsbild erhalten möchten. Der Nachteil: Es ist nicht sichergestellt, dass sich auch wirklich alle beteiligen. Außerdem ist die Abfrage nicht anonym.

Vor- und Nachteile

Kartenabfrage

Bei der Kartenabfrage schreiben die Teilnehmer ihre Stichworte, Meinungen, Vorschläge oder Wünsche auf Karten. Der Dozent sammelt die Karten ein, liest sie vor und sortiert sie gemeinsam mit den Teilnehmern.

Individuell schreiben

Die Kartenabfrage eignet sich sehr gut, um die Wünsche der Teilnehmer zu ermitteln – etwa hinsichtlich der Frage, welche Themen sie im Unterricht gern besprechen möchten. Außerdem können Sie sich ein Bild über die Probleme der Teilnehmer machen.

Vorteile

Hauptzweck der Kartenabfrage ist das Sichern von Ideen, das Ermitteln von Schwerpunkten und das Strukturieren von Problemen.

Einen Nachteil hat auch die Kartenabfrage: Sie benötigt recht viel Zeit. Zwanzig Minuten sind meist die untere Grenze.

Nachteil

Beispiel für eine Kartenabfrage

Was erwarten Sie vom Seminar?

Zahl der Karten festlegen

Vorab sollten Sie überlegen, wie viele Karten jeder Teilnehmer beschriften darf. Sie können dies natürlich auch freistellen, müssen aber je nach Thema mit einem großen Berg von Karten rechnen.

Freistellen sollten Sie die Zahl der Karten, die geschrieben werden können, immer dann, wenn es Ihnen nicht nur darauf ankommt, viele verschiedene Wünsche oder Vorstellungen zu ermitteln, sondern wenn Sie gleichzeitig feststellen wollen, wie häufig bestimmte Dinge genannt werden.

Themenspeicher

Ein Themenspeicher ist eine Liste von Themen, die zur Auswahl stehen. Themenspeicher eignen sich gut, um gemeinsam über die Reihenfolge von Themen zu entscheiden.

Beispiel

Die Teilnehmer haben mithilfe einer Kartenabfrage ihre Hauptprobleme bestimmt. Diese Probleme werden auf Streifen geschrieben und untereinander an die Stellwand geheftet. Durch »Punkten« entscheiden die Teilnehmer, welche Themen für sie besonders wichtig sind.

Schriftliches Diskutieren

Kommentare aufschreiben

Eine weitere wichtige Methode ist das schriftliche Diskutieren. Wenn Ergebnisse – etwa einer Gruppenarbeit – im Plenum vorgestellt werden, sagen die Teilnehmer nicht ihre Meinung dazu, sondern schreiben (ovale) Karten mit ihren Kommentaren, gehen nach vorn und heften diese Karten auf dem Plakat an die Stelle, auf die sich ihr Kommentar bezieht.

Vorteile

Das schriftliche Diskutieren ist eine Zeit sparende Methode, bei der die Zuhörer gleichzeitig ihre Gedanken sofort festhalten können. Die Präsentation wird nicht gestört. Außerdem kann niemand die Diskussion zu einer Selbstdarstellung missbrauchen. Nach der Präsentation der Gruppenergebnisse liest der Moderator die Karten vor und kommentiert sie seinerseits.

116

6.3 Ganze Unterrichtssequenzen moderationsgestützt gestalten

Die genannten Methoden lassen sich in den Unterricht einbetten und können stark zu einem teilnehmerorientierten Unterricht beitragen. Sie können aber noch mehr tun und Ihren ganzen Unterricht auf der Moderationstechnik aufbauen. Der Ablauf könnte dabei beispielsweise so aussehen:

Teilnehmer-orientierung

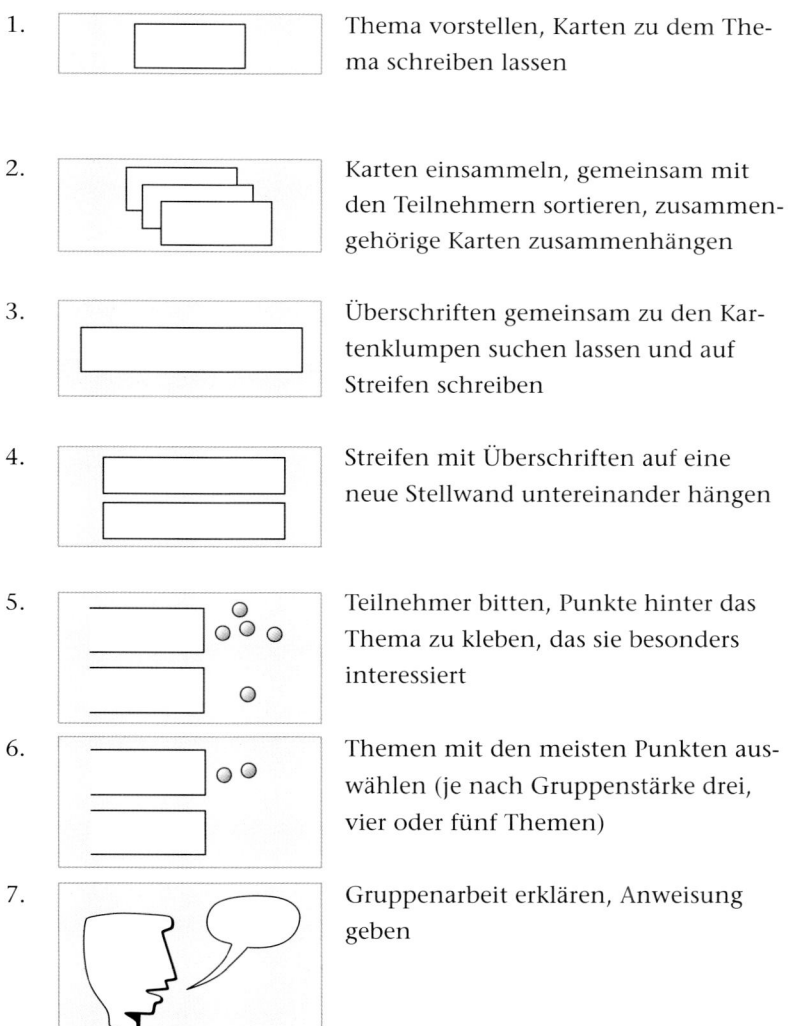

1.   Thema vorstellen, Karten zu dem Thema schreiben lassen

2.   Karten einsammeln, gemeinsam mit den Teilnehmern sortieren, zusammengehörige Karten zusammenhängen

3.   Überschriften gemeinsam zu den Kartenklumpen suchen lassen und auf Streifen schreiben

4.   Streifen mit Überschriften auf eine neue Stellwand untereinander hängen

5.   Teilnehmer bitten, Punkte hinter das Thema zu kleben, das sie besonders interessiert

6.   Themen mit den meisten Punkten auswählen (je nach Gruppenstärke drei, vier oder fünf Themen)

7.   Gruppenarbeit erklären, Anweisung geben

117

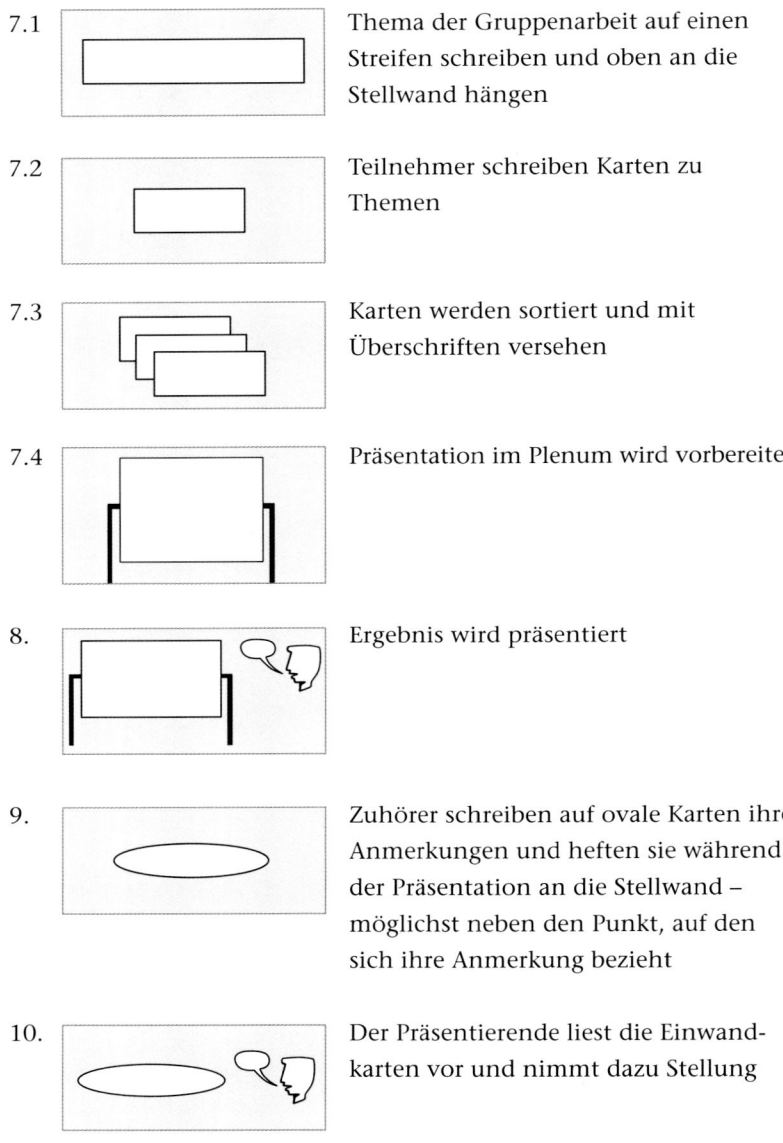

7.1 Thema der Gruppenarbeit auf einen Streifen schreiben und oben an die Stellwand hängen

7.2 Teilnehmer schreiben Karten zu Themen

7.3 Karten werden sortiert und mit Überschriften versehen

7.4 Präsentation im Plenum wird vorbereitet

8. Ergebnis wird präsentiert

9. Zuhörer schreiben auf ovale Karten ihre Anmerkungen und heften sie während der Präsentation an die Stellwand – möglichst neben den Punkt, auf den sich ihre Anmerkung bezieht

10. Der Präsentierende liest die Einwandkarten vor und nimmt dazu Stellung

Aus der nachfolgenden Diskussion können sich neue Fragestellungen ergeben, die sich wiederum mit der Moderationstechnik nach diesem Schema abarbeiten lassen.

6.4   Umsetzung

1. Schreiben Sie sich alle wichtigen Punkte auf, die Sie umsetzen und ausprobieren wollen.
2. Formulieren Sie die Punkte so, dass sie möglichst konkret sind.
3. Legen Sie fest, welche Punkte Sie in welcher Reihenfolge in Angriff nehmen wollen.
4. Notieren Sie sich eine Frist.
5. Kontrollieren Sie, ob Sie den Punkt fristgerecht umgesetzt haben.

Diese Aspekte möchte ich umsetzen	Priorität	Termin	Erledigt
			☐
			☐
			☐
			☐
			☐
			☐
			☐
			☐
			☐
			☐
			☐
			☐
			☐
			☐

6.5   Fragen zum Verständnis

Welche Vor- und Nachteile haben folgende Moderationstechniken?

	Vorteile	Nachteile
Kartenabfrage		
Zurufabfrage		
Punktabfrage		
Themenspeicher		
Schriftliches Diskutieren		

6.6 Planungsaufgabe

Suchen und beschreiben Sie eine Situation im Unterricht, in der sich gleich mehrere der Moderationsmethoden einsetzen oder kombinieren lassen.

Situation:

_____

_____

Einsatz der Methode:

_____

Beschreibung des Einsatzes:

_____

_____

Einsatz der Methode:

_____

Beschreibung des Einsatzes:

_____

_____

Einsatz der Methode:

_____

Beschreibung des Einsatzes:

_____

_____

7 Teilnehmer motivieren

Mit dem Lernschritt »Motivation« wenden wir uns der Beziehung zwischen Dozent und Lerngruppe zu. Wenn sie nicht stimmt, nützt der beste Unterricht nichts: Die Teilnehmer werden unzufrieden sein und ungern lernen.

Ein ganz entscheidender Schritt, um diese Unzufriedenheit zu vermeiden, sind Überlegungen, wie man die Teilnehmer im Unterricht für das Thema und die Mitarbeit motiviert. Denn

- ohne ausreichende Motivation besteht kein Interesse,
- ohne Interesse keine Aufmerksamkeit und keine Beteiligung,
- ohne Aufmerksamkeit und Beteiligung erfolgt keine intensive Auseinandersetzung mit dem Lerngegenstand und damit kein erfolgreiches Lernen.

Ausreichende Motivation ist somit eine elementare Voraussetzung für erfolgreichen Unterricht.

Dieses Kapitel liefert Ihnen Antworten auf Fragen wie:
- Was ist Motivation?
- Welche Möglichkeiten der Motivationssteigerung gibt es?
- Wie können Seminarleiter mit mangelnder Motivation umgehen?

7.1 Motive von Teilnehmern erkennen

Motivation kompensiert

Es ist unbestritten, dass Motivation ein zentraler Erfolgsfaktor für jeden Unterricht ist. Nicht alle Teilnehmer lernen gleich schnell und gleich gut. Es gibt Unterschiede in der Konzentrations- und Merkfähigkeit. Motivation hat hier einen starken ausgleichenden Effekt. Bei guter Motivation können Minderleistungen zu einem guten Teil kompensiert werden.

Was aber ist Motivation? Dazu gleich die zweite Frage: Warum besuchen Erwachsene Seminare? Es gibt sehr unterschiedliche Gründe. Die einen besuchen Seminare, um beruflich weiterzukommen, andere, weil sie sich auf ein neues Aufgabengebiet vorbereiten wollen, und wieder andere, weil sie sich generell für neue Entwicklungen interessieren.

Verschiedene Gründe

Ein nicht geringer Teil kommt zum Seminar, um sich mit anderen Teilnehmern über ihre berufliche Situation auszutauschen und Bestätigung sowie Anregungen zu erhalten. Ebenfalls häufig ist der schlichte Grund, einmal aus dem Alltagstrott herauszukommen und etwas Neues zu hören und zu sehen. Vielleicht ist aber auch der einzige Grund für die Teilnahme, dass der Teilnehmer von seinem Vorgesetzten geschickt wurde.

Alles sind triftige Gründe oder genauer gesagt: Motive. Dabei ist zu beachten, dass Motivation kein einheitliches Phänomen ist. Sie setzt sich immer aus unterschiedlichen Motiven zusammen. Im Unterricht gilt es, diese Motive zu erkennen und sie zu berücksichtigen. Dabei ist zu beachten, dass die Art und die Zahl der Motive sowie ihre Ausprägung von Teilnehmer zu Teilnehmer sehr stark variieren können.

Sechs Hauptmotive

Die Motive für den Besuch eines Seminars lassen sich in sechs Hauptgruppen zusammenfassen:

1. *Bewältigungsmotive*
   Die Teilnehmer sind unzufrieden, haben Probleme und versprechen sich vom Seminar Lösungen.
2. *Status- und Prestigemotive*
   Die Teilnehmer möchten mithilfe des Seminars ein höheres Ansehen erreichen. Sie wollen besser sein als andere.

124

3. *Berufsmotive*

Die Teilnehmer möchten vorwärts kommen, eine bessere Position oder eine interessantere Aufgabe erhalten.

4. *Bildungsmotive*

Die Teilnehmer lernen aus Lust am Lernen. Sie möchten ihren Horizont erweitern und mitreden können.

5. *Kontaktmotive*

Die Teilnehmer möchten andere Menschen mit ähnlichen Aufgaben kennen lernen und ihre Erfahrungen austauschen.

6. *Freizeitmotive*

Die Teilnehmer möchten sich ein paar schöne Tage machen.

Eine weitere wichtige Unterscheidung ist die zwischen intrinsischer und extrinsischer Motivation.

Bei der *intrinsischen Motivation* lernt der Teilnehmer, **Intrinsische Motivation**

- weil er mit dem neuen Wissen anstehende Probleme lösen möchte.
- weil er am Lernen selbst Spaß hat.
- weil er seine Aufgaben besser bewältigen möchte und ihn der Stoff an sich interessiert.

Bei der *extrinsischen Motivation* steht nicht der Lerngegenstand im **Extrinsische Motivation** Mittelpunkt, sondern das, was der Teilnehmer erreichen kann, wenn er das Seminar absolviert hat. Das Seminar ist sozusagen die Brücke, die zum Ziel führt. Er lernt,

- um gute Noten, eine gute Bewertung oder finanzielle Vorteile zu erreichen.
- um an Ansehen zu gewinnen, andere zu beeindrucken oder nicht zu enttäuschen.

Zu dieser Gruppe gehören oft unfreiwillige Teilnehmer. Ihre extrinsische Motivation besteht darin, dass etwa ihr Chef die Teilnahme erwartet.

Intrinsisch motivierte Teilnehmer sind das Beste, was einem Dozenten **Intrinsische** passieren kann. Zu den Aufgaben eines Dozenten gehört es deshalb **Motivation** auch, die intrinsische Motivation zu verstärken: Zeigen Sie immer wie- **verstärken** der auf, wie wichtig die Seminarinhalte für den einzelnen Teilnehmer sind und was er davon hat.

125

7.2 Möglichkeiten der Motivationssteigerung nutzen

Vier Möglichkeiten

Es gibt grundsätzlich vier verschiedene Möglichkeiten, im Unterricht eine gute Motivation der Teilnehmer zu erreichen:

1. inhaltliche Motivierung
2. didaktisch-methodische Motivierung
3. Motivierung über das Dozentenverhalten
4. Motivierung über ein gutes Lernklima

Bitte überlegen Sie, was sich hinter diesen vier Schlagworten verbergen könnte.

Was könnten Sie sich für Maßnahmen vorstellen?

■ bei der inhaltlichen Motivierung

_____

_____

■ bei der didaktisch-methodischen Motivierung

_____

_____

■ bei der Motivierung über das Dozentenverhalten

_____

_____

■ bei der Motivierung über ein gutes Lernklima

_____

_____

Schon bei der Themenauswahl ist das Interesse der Teilnehmer zu berücksichtigen. Je stärker die Inhalte der Praxis und dem (beruflichen) Alltag der Teilnehmer entsprechen, umso wahrscheinlicher ist eine gute inhaltliche Motivierung.

Praxisbezug motiviert

Auch aus diesem Grund ist es sinnvoll, die Teilnehmer an der Themenauswahl zu beteiligen. Dies darf allerdings nicht dazu führen, dass irgendetwas durchgenommen wird. Die Inhalte müssen in einer logischen, für die Teilnehmer nachvollziehbaren Reihenfolge verbleiben. Unnötiger Ballast muss weggelassen werden. Schwerpunkte müssen dort gebildet werden, wo die Hauptinteressen der Teilnehmer liegen.

Inhaltliche Motivierung

Was können Sie zusätzlich tun?

- Machen Sie die Ziele des Unterrichts deutlich und stellen Sie die Wichtigkeit dieser Ziele für den Einzelnen heraus.
- Begründen Sie Ihre Vorgehensweise und informieren Sie die Teilnehmer umfassend, damit sie wissen, *was* Sie vorhaben und *warum* Sie dies planen.
- Lassen Sie genügend Raum für den Erfahrungsaustausch unter den Teilnehmern.

Durch gezielten Einsatz von Methoden und Medien kann man viele trockene Themen interessant »verpacken« – und auf diese Weise die Teilnehmer didaktisch-methodisch motivieren.

Didaktisch-methodische Motivierung

Einige Möglichkeiten:

- Arbeiten Sie mit Fallbeispielen und lösen Sie Probleme gemeinsam.
- Setzen Sie Methoden ein, die die Teilnehmer zur aktiven Mitarbeit und zur Übernahme von Verantwortung animieren.
- Nutzen Sie attraktive Medien wie Filmsequenzen.

Zusätzlich sollten Sie durch eine gute Struktur und Anschaulichkeit den Teilnehmern das Lernen so einfach wie möglich machen und Erfolgserlebnisse vermitteln. Dazu gibt es verschiedene Möglichkeiten: Eine interessante Vortragsweise und ein engagierter Dozent können viel dazu beitragen, den Stoff »rüberzubringen«. Wenn sich die Teilnehmer gut kennen gelernt haben und ein Gemeinschaftsgefühl entstanden ist, schafft dies eine entspannte Atmosphäre, die positiv auf den Lernerfolg wirkt.

Motivierung über Dozent und Klima

Möglichkeiten der Motivation über das Dozentenverhalten und über ein gutes Klima werden ausführlich im nächsten Kapitel besprochen.

7.3   Mit mangelnder Motivation umgehen

Mangelnde Motivation

Interesse fördern ist eine Aufgabe des Dozenten, *mangelnde Motivation* vermeiden helfen die andere Aufgabe. Denn: Unmotivierte, unaufmerksame Teilnehmer lernen langsamer, das Lernen ist oberflächlich und flüchtig, die Inhalte werden schneller wieder vergessen.

Häufige Gründe

Die häufigsten Gründe für mangelnde Motivation sind:
- Unfreiwillige Teilnahme am Seminar
- Ablenkungen unterschiedlicher Art
- Unter- und Überforderung
- Müdigkeit und fehlende Konzentration
- Ängste und Befürchtungen

Möglich sind aber auch die beiden folgenden Ursachen:
- Der Teilnehmer gehört nicht zur Zielgruppe des Seminars.
- Der Teilnehmer sieht die Relevanz des Lernstoffs nicht.

Unfreiwillige Teilnehmer

Falls Sie *unfreiwillige Teilnehmer* im Seminar haben, können und dürfen Sie nicht einfach über diesen Umstand hinweggehen. Versuchen Sie, dies möglichst früh im Seminar zu ermitteln, und überlegen Sie, wie Sie auch bei diesen Teilnehmern eine gute Motivation erreichen können.

Gute Mittel sind:
- Stellen Sie die Bedeutung des Lernstoffs für alle Teilnehmer deutlich heraus.
- Wählen Sie einen motivierenden Einstieg.
- Arbeiten Sie von Anfang an sehr praxisorientiert.

Wenn Sie erwarten, dass trotz der genannten Motivationshilfen das Problem zu einer Störung Ihres Seminares führen wird, sollten Sie überlegen, ob Sie die Schwierigkeiten nicht ansprechen. Das kann im Plenum geschehen oder in der Kleingruppe bzw. mit einzelnen Teilnehmern.

Es hat keinen Sinn, mit dem Seminar zu beginnen, wenn die Teilnehmer sich gegen das Lernen sperren. Deshalb kann es sinnvoll sein, erst einmal über den Sinn des Lernens und die Wichtigkeit des Lerngegenstandes mit den Teilnehmern zu diskutieren.

Wichtig ist, dass Sie gute Argumente parat haben. Falls die Teilnehmer skeptisch bleiben, sollten Sie sie um etwas Geduld bitten. Versuchen Sie dann, über einen didaktisch gut aufbereiteten Unterricht unter starkem Einbezug der Teilnehmer und mit vielen Erfolgserlebnissen das Lernklima und die Lernbereitschaft positiv zu beeinflussen.

Argumente vorbereiten

Viel zu oft kommt es vor, dass Teilnehmer im Seminar sitzen, die eigentlich fehl am Platze sind. Zwei von vielen Beispielen:

- In einem Seminar über den Umgang mit Kunden sitzt ein Teilnehmer, der gar keinen Kundenkontakt hat.
- In einem Seminar zur Ausbildung von EDV-Dozenten hat ein Teilnehmer bisher weder EDV-Erfahrung noch Unterrichtserfahrung.

Um solche Extreme zu verhindern, hilft eine präzise Seminarausschreibung mit genau definierter Zielgruppe. Sitzt solch ein Teilnehmer trotzdem in Ihrem Kurs und können oder wollen Sie ihn nicht zurückschicken, hilft bei mangelnden Kenntnissen nur Zusatzunterricht. Bei falscher Zielgruppe wie im ersten Fall nützt selbst das nichts. Hier sollten Dozent und Teilnehmer überlegen, ob eine Teilnahme überhaupt sinnvoll ist und ob es etwa Inhalte gibt, die für den Teilnehmer trotzdem wichtig sind.

Zielgruppe exakt festlegen

Die *Relevanz des Lernstoffs* zu vermitteln gehört zu den zentralen Aufgaben des Dozenten. Falls es bei diesem Punkt zu Defiziten kommt, liegt dies vor allem am Dozenten.

Schaffe ich eine gute Teilnehmerorientierung?
- ☐ Mein Unterricht ist am Alltag der Teilnehmer, ihren Interessen und ihrer Situation orientiert.
- ☐ Ich berücksichtige die Erfahrungen der Teilnehmer.
- ☐ Probleme analysieren wir gemeinsam.
- ☐ Ich zeige Möglichkeiten zur Bewältigung dieser Probleme auf.

Ablenkungen abstellen

Ein weiterer Grund für mangelnde Motivation sind *Ablenkungen*. Ablenkungen können ganz unterschiedliche Ursachen haben: angefangen beim Mähen des Rasens vor dem Seminarraum über tuschelnde Teilnehmer bis zum klingelnden Telefon und Geräten, die nicht richtig funktionieren. Die einzige Methode, mit solchen Ablenkungen richtig umzugehen: abstellen. Denn nur ein ungestörter Unterricht ist ein guter Unterricht.

Störende Teilnehmer

Tuschelnde Paare und andere Störungen, die von Teilnehmern herrühren, kann man natürlich nicht schroff unterbinden. Wie Sie dabei am besten vorgehen, ist im Kapitel 9 »Problemen in der Lerngruppe begegnen« beschrieben.

Unter- und Überforderung

Unter- und *Überforderung* ist ebenfalls ein häufiges Problem in Kursen. Auch hier gibt es Extreme, die gar nicht so selten vorkommen: Ein Teilnehmer hat bereits einen ähnlichen Kurs besucht, ein anderer hat in einem Fortgeschrittenenkurs keinerlei Vorkenntnisse und Erfahrungen im Stoffgebiet.

Selbst wenn solche Extreme in Ihrem Seminar nicht auszumachen sind: Der Kenntnisstand und Erfahrungsschatz der Teilnehmer ist *immer* unterschiedlich, Unter- und Überforderung sind deshalb leicht möglich. Abhilfe ist nur mit differenzierenden Aufgaben, Übungen usw. zu erreichen und mit einem Unterricht, in dem viel Gruppenarbeit praktiziert wird.

> **Vermeide ich Überforderung?**
> ☐ Die Stofffülle habe ich sinnvoll beschränkt.
> ☐ Ich lasse genügend Zeit zur Beschäftigung mit den Inhalten.
> ☐ Ich habe Übungen eingeplant.
> ☐ Die Darbietung und meine Sprache sind an die Teilnehmer angepasst.
> ☐ Den Lernstoff habe ich in überschaubare Einheiten gegliedert.
> ☐ Den Stoff können die Teilnehmer zum großen Teil selbst erarbeiten.
> ☐ Ich habe regelmäßig Pausen vorgesehen.

Müdigkeit

Auch *Müdigkeit* und *fehlende Konzentration* behindern den Erfolg des Seminars. Sie können unterschiedliche Gründe haben: Die Teilnehmer haben am vorherigen Abend ausführlich gefeiert, oder sie sind am letzten Tag schon in Gedanken bei der Heimfahrt und beim Wochenende.

Planen Sie für die letzten Lerneinheiten im Seminar solche Inhalte ein, die die Teilnehmer besonders stark interessieren und bei denen sie aktiv mitarbeiten können.

Oft liegt Müdigkeit aber auch einfach daran, dass der Unterricht zu anstrengend ist, zu wenig Pausen gemacht werden oder der Stoff und dessen Vermittlung die Teilnehmer nicht interessiert. Bei einzelnen Teilnehmern kann Konzentrationsmangel auch darin begründet liegen, dass sie mit wichtigen anderen Sachen – etwa persönlichen Problemen – beschäftigt sind. Hier hilft bestenfalls ein Gespräch.

Ängste und *Befürchtungen* behindern ebenfalls den Lernerfolg. Solche Befürchtungen sind besonders häufig in Bezug auf das Lernen selbst anzutreffen.

Ängste und Befürchtungen

Typische Befürchtungen sind:
- »Schaffe ich das überhaupt?«
- »Bin ich nicht schon zu alt?«
- »Ist das nicht zu schwer für mich?«
- »Habe ich nicht zu wenig Vorkenntnisse?«

Furcht vor Misserfolg aber führt zu Passivität: Der Teilnehmer fragt bei Unklarheiten nicht nach. Denn würde er nachfragen, wäre er ja derjenige, der zu »dumm« ist, um alles zu verstehen. Weitere Folgen sind die Weigerung, Verantwortung zu übernehmen, und die Flucht in die Gruppenanonymität.

Furcht macht passiv

131

7.4 Umsetzung

1. Schreiben Sie sich alle wichtigen Punkte auf, die Sie umsetzen und ausprobieren wollen.
2. Formulieren Sie die Punkte so, dass sie möglichst konkret sind.
3. Legen Sie fest, welche Punkte Sie in welcher Reihenfolge in Angriff nehmen wollen.
4. Notieren Sie sich eine Frist.
5. Kontrollieren Sie, ob Sie den Punkt fristgerecht umgesetzt haben.

Diese Aspekte möchte ich umsetzen	Priorität	Termin	Erledigt
			☐
			☐
			☐
			☐
			☐
			☐
			☐
			☐
			☐
			☐
			☐
			☐
			☐
			☐

7.5   Fragen zum Verständnis

1. Wie motivieren Sie ängstliche Teilnehmer?

_____

_____

_____

_____

_____

_____

2. Was machen Sie, wenn Sie am Anfang eines Seminars feststellen, dass ein Teilnehmer fehl im Seminar ist, weil er die notwendigen Vorkenntnisse nicht hat? Begründen Sie Ihre Entscheidung.

_____

_____

_____

_____

_____

_____

_____

7.6 Planungsaufgabe

Sie haben ein ziemlich trockenes Thema zu vermitteln. Die Teilnehmer kennen sich kaum. Wie versuchen Sie, die Teilnehmer zu motivieren?

7.7 Reflexionsaufgabe

Nehmen Sie die CD-ROM zur Hand und sehen Sie sich die Videosequenz
»*Teilnehmer motivieren*« an.

Beschreiben Sie den Fall!

_____

_____

_____

_____

Welche Gründe vermuten Sie hinter der mangelnden Motivation?

_____

_____

_____

Wie sind Sie mit einer vergleichbaren Situation umgegangen?

_____

_____

_____

Warum haben Sie sich in dieser Weise verhalten?

_____

_____

_____

8 Lernklima verbessern

Ihr Verhalten als Dozent hat wesentlichen Einfluss auf den Umgang der Teilnehmer untereinander und mit Ihnen.

Es gibt drei Voraussetzungen für einen guten Dozenten. Zwei davon sind Ihnen bereits vertraut: gute fachliche Kenntnisse und didaktisch-methodisches Können und Geschick. Mit der dritten Voraussetzung befasst sich schwerpunktmäßig dieser Baustein: Es geht um die Frage nach dem Umgangsstil des Dozenten, nach dem partnerschaftlichen Verhalten.

Für viele Teilnehmer ist die soziale Komponente ein wichtiges, wenn nicht entscheidendes Motiv, an einem Seminar teilzunehmen. Der Dozent trägt auch für diese Seite des Unterrichts die Verantwortung. Denn wenn hier Probleme auftauchen, können diese den Erfolg des gesamten Kurses infrage stellen.

Ein positives Klima, ein bejahender Umgang miteinander und gegenseitiges Bemühen wirken sich förderlich auf die zwischenmenschlichen Beziehungen im Seminar aus. Stimmen diese Aspekte, beeinflusst das den individuellen Lernerfolg der Teilnehmer und deren Zufriedenheit mit dem Seminar und dem Lernergebnis.

Dieses Kapitel liefert Ihnen Antworten auf Fragen wie:
- Wie verhalte ich mich als Dozent richtig?
- Wie erhalte ich Informationen über das Seminarklima?
- Wie kann ich ein gutes Seminarklima fördern?

8.1 Verantwortung für das eigene Verhalten übernehmen

Permanente Kommunikation

Von dem Moment, wo Sie erstmals das Seminar betreten, bis zur Verabschiedung der Teilnehmer am letzten Tag stehen Sie sozusagen auf einer Bühne. Die Teilnehmer können beobachten, was Sie tun und was Sie lassen. Sie kommunizieren immer dann, wenn Ihre Seminarteilnehmer in der Nähe sind, im Seminar und außerhalb des Seminars.

Der Kommunikationsforscher Paul Watzlawick hat dafür die einfache Formel »Man kann nicht nicht kommunizieren« geprägt. Denn wo wir auch sind und was wir auch tun, immer sagt dieses Verhalten etwas über uns aus.

Beispiel

Ein Beispiel: Sie gehen in der Mittagspause in die Kantine und setzen sich allein an einen Tisch, fangen vielleicht noch an, Zeitung zu lesen. Obwohl Sie in dem Beispiel mit keinem Menschen reden, wird Ihr Verhalten von den anwesenden Seminarteilnehmern doch (wahrscheinlich) wahrgenommen und vielleicht auch interpretiert. Die Interpretation kann unterschiedlich sein, meist wird sie in die Richtung gehen »Der will seine Ruhe haben«. Vielleicht aber auch »Der ist sich wohl zu fein, sich mit uns an einen Tisch zu setzen«.

Ob Sie es wollen oder nicht, vieles von dem, was Sie tun und lassen, wird wahrgenommen und so oder anders interpretiert.

Der erste Eindruck

Nehmen wir eine andere alltägliche Situation: Sie kommen am ersten Tag in den Seminarraum. Betrachtet man dies aus kommunikativem Blickwinkel heraus, entstehen viele Fragen:

- Wie betreten Sie den Raum?
- Wie sind Sie angezogen?
- Wie sicher oder unsicher wirken Sie?
- Begrüßen Sie die Anwesenden? Wenn ja: in welcher Form?
- Wie richten Sie Ihren »Arbeitsplatz« ein?
- Reden Sie vor Beginn der Veranstaltung mit den Seminarteilnehmern? Wenn ja: mit wem, über welche Themen, in welcher Form?
- Setzen Sie sich hin und studieren Ihre Unterlagen oder schauen Sie zum Fenster hinaus?

Ein Seminar bietet viele Möglichkeiten und zahlreiche Gelegenheiten für andere, Ihr Verhalten zu beobachten, einzuschätzen und daraus ihre Schlüsse zu ziehen. Dabei können Sie nicht kontrollieren, welcher Art diese Schlüsse sind.

Die Konsequenz darf nicht sein, dass Sie sich in jeder Sekunde überlegen, was Sie jetzt tun sollten, um ein gutes Bild abzugeben. Aber Sie sollten bei wichtigen Terminen, Gesprächen und Personen überlegen, welchen Eindruck Sie machen wollen und wie Sie dies am besten erreichen können. Sie sollten eben *bewusst kommunizieren*. Das heißt nicht, dass Sie sich unnatürlich verhalten sollen. Denn ihre Teilnehmer werden das oft schneller bemerken, als Ihnen lieb ist.

Bewusst kommunizieren

Hängende Schultern, nach unten gezogene Mundwinkel, abschweifender Blick, fehlende Reaktionen auf Äußerungen des Gegenübers werden in der Regel als Unlustsignale oder Zeichen für mangelndes Interesse gewertet. Je mehr Sie auf die Signale achten, die andere an Ihnen wahrnehmen, desto besser lernen Sie sich selbst, die anderen und ihre Wahrnehmung kennen. Desto gezielter können Sie den Eindruck, den Sie machen, gestalten.

Eindruck gezielt gestalten

8.2 Direkt kommunizieren

Sicher kennen Sie solche Wendungen wie:

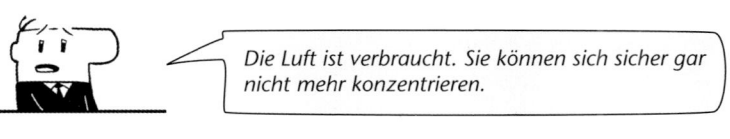

Die Luft ist verbraucht. Sie können sich sicher gar nicht mehr konzentrieren.

Die Gruppenarbeit hätte eigentlich nicht so lange dauern sollen.

Indirekte Aussagen Beide Äußerungen sind zunächst sachliche Feststellungen. Im ersten Satz könnte sich hinter der Sachaussage aber eine weitere Aussage verstecken: der Wunsch nämlich, dass jemand für Lüftung sorgt. Auch die zweite Äußerung ist indirekt. Hier wird zwar ein Wunsch ausgesprochen, allerdings in etwas nebulöser Form.

Ich-Botschaften Solche indirekten Äußerungen können schnell zu Missverständnissen führen. Deshalb sollten Sie deutlich sagen, was Sie von Ihren Teilnehmern wollen und erwarten. Erst damit räumen Sie dem anderen die Möglichkeit ein, sich unmittelbar mit Ihrem Wunsch auseinander zu setzen. Ein solcher Wunsch sollte mit dem Wort *Ich* beginnen. Formulierungen wie *irgendjemand* und *müsste mal* dürfen in dem Satz nicht vorkommen.

Appelle In der Fachsprache nennt man eine Äußerung, die einen Hinweis darauf enthält, was der Gesprächspartner tun soll, einen *Appell*.

Selbstmitteilung Bei jeder Äußerung sagt der Sprecher zudem auch immer etwas über sich selbst aus, über seine Wünsche, seine Erwartungen, seine Einstellungen. Dies nennt man *Selbstmitteilung*. Diese Selbstmitteilung kann direkt sein, etwa wenn Sie sagen »Ich möchte ...«.

Andere Meinungen akzeptieren Gut zu kommunizieren bedeutet deshalb, Selbstmitteilungen und Appelle gezielt einzusetzen, direkt und unmissverständlich zu sagen, was man meint und was man möchte. Denken Sie daran: Bei allem, was unausgesprochen bleibt, müssen Sie mit Missverständnissen rechnen. Gut zu kommunizieren bedeutet auch, nicht eingeschnappt zu sein, wenn Gesprächspartner anderer Meinung sind.

8.3   Als Dozent richtig verhalten

Bitte gehen Sie die folgenden »Ratschläge« für Seminarleiter durch und entscheiden Sie jeweils: Stimmt dieser Ratschlag oder nicht?

- Man sollte seinen Unterricht pünktlich beginnen, auch wenn zwei oder drei Teilnehmer noch nicht da sind.

  stimmt ☐   stimmt nicht ☐

- Wenn man merkt, dass ein Teilnehmer die Voraussetzungen für das Seminar nicht erfüllt, sollte man ihn eigentlich wieder nach Hause schicken.

  stimmt ☐   stimmt nicht ☐

- Man sollte die Sitzordnung selbst bestimmen, indem man vorher Namenskarten aufstellt.

  stimmt ☐   stimmt nicht ☐

- Wenn Teilnehmer eine Übung nicht machen wollen, sollte man sie zu überreden versuchen.

  stimmt ☐   stimmt nicht ☐

- Bei Gruppenarbeit sollte der Dozent die Gruppenzusammensetzung selbst bestimmen.

  stimmt ☐   stimmt nicht ☐

- Die Dauer einer Gruppenarbeit sollte ein Dozent selbst festlegen.

  stimmt ☐   stimmt nicht ☐

Auf alle diese »Ratschläge« gibt es keine eindeutige Antworten. Es hängt von der Situation ab und vom Selbstverständnis des Dozenten:

Situativ entscheiden

- Wie autoritär will er vorgehen?
- Wann ist die Grenze erreicht, an der die Mitsprache der Teilnehmer sinnlos wird?
- Wie verhindert man, dass einem die Teilnehmer »auf dem Kopf herumtanzen«?

141

Diese Fragen weisen auf eine Aufgabe hin, der sich jeder Dozent gegenübersieht: Es gilt, weder in einen autoritären Unterrichtsstil abzurutschen noch alles den Teilnehmern zu überlassen und vielleicht dadurch an Autorität zu verlieren.

Neues Rollen-
verständnis Auf keinen Fall sollte Ihr Auftreten an einen Lehrer aus früheren Zeiten erinnern. Der Begriff Lernpartner für den Teilnehmer weist auf ein verändertes Rollenverständnis hin. Außerdem sollten Sie immer daran denken, dass 80 Prozent aller Erwachsenen negative Erinnerungen an die Schule haben. Vermeiden Sie also alles, was an Schule erinnert.

Was müssen Sie im Seminar vermeiden, um solche negativen Erinnerungen erst gar nicht aufkommen zu lassen?

Regeln
für mehr
Partnerschaft Wenn Sie die folgenden Regeln beachten, wir dies den Erfolg Ihrer Seminare fördern:
- Keine Wissensfragen an einzelne Teilnehmer stellen
- Nicht lange hinter einem Teilnehmer stehen bleiben und ihm über die Schulter sehen
- Möglichst keine Noten vergeben
- Kein Wissen gezielt bei einzelnen Teilnehmern abfragen
- Möglichst keine Tests oder schriftliche Arbeiten mit Korrektur durch den Dozenten schreiben lassen
- Freundlich sein und bitten statt befehlen
- Nicht alles selbst bestimmen, sondern die Teilnehmer um ihre Meinung fragen und an Entscheidungen beteiligen
- Die Tische nicht hintereinander stehen lassen wie früher in der Schulklasse

Die Gefahr, die Balance zu verlieren, droht meist in Situationen, wo das Seminar nicht reibungslos läuft. Nachfolgend finden Sie einige solcher »Problemsituationen«. Wie würden Sie sich verhalten?

- Sie können die Frage eines Teilnehmers nicht beantworten.
  Ihre Reaktion:

  _____

  _____

- Die Teilnehmer wollen ein Rollenspiel, das Sie vorschlagen, nicht mitmachen.
  Ihre Reaktion:

  _____

  _____

- Ein Teilnehmer beschwert sich bei Ihnen, weil zwei Mitglieder seiner Arbeitsgruppe sich privat unterhalten und damit die Gruppenarbeit stören.
  Ihre Reaktion:

  _____

  _____

- Die Gruppe kann sich nicht darauf einigen, wer in welcher Gruppe mitarbeiten soll. Für ein Thema liegen zu viele Meldungen vor, für andere Themen zu wenig.
  Ihre Reaktion:

  _____

  _____

Dozent ist Vorbild

Auch für diese Situationen gibt es keine Patentrezepte. Bedenken Sie aber eins: Der Dozent hat immer eine *Vorbildfunktion*. Oder anders ausgedrückt: Entscheidenden Einfluss auf das Verhalten der Teilnehmer hat das Verhalten des Dozenten. Das hat viel mit gruppendynamischen Prozessen zu tun, wie sie im nächsten Baustein beschrieben werden.

Die ersten Minuten

Besonders viel Aufmerksamkeit sollten Sie Ihrem Verhalten in den ersten Minuten des Unterrichts widmen. Zeigen Sie sich hier von Ihrer besten Seite. Denn die ersten Eindrücke, die die Teilnehmer von Ihrer Person erhalten, sind entscheidend. Untersuchungen belegen, dass es viel Mühe kostet, einen ersten negativen Eindruck wieder wettzumachen. Andererseits kann sich ein Dozent im Laufe des weiteren Unterrichts einiges erlauben, wenn die Teilnehmer einmal eine positive Grundeinstellung zum Dozenten haben.

Der ideale Dozent

Folgende Verhaltensweisen des Dozenten wissen die Teilnehmer besonders zu schätzen:
- Der Dozent interessiert sich für die Wünsche, Erfahrungen und Anliegen der Teilnehmer.
- Er ist aufmerksam und hilfsbereit.
- Er ist freundlich und zeigt Humor.
- Er zeigt offen seine eigenen Wünsche und Interessen.
- Er mischt sich unter die Lerngruppe.
- Er spricht Konflikte und Probleme offen an.
- Er regelt Konflikte partnerschaftlich.
- Er lobt.
- Er räumt sich selbst und den Teilnehmern das Recht auf Fehler ein.
- Er kann sich selbst und seinen Unterricht infrage stellen (lassen).

Versuchen Sie Ihrer Vorbildfunktion gerecht zu werden. Reden Sie die Teilnehmer mit Namen an, verstecken Sie sich nicht hinter dem Pult und: Lächeln Sie auch mal.

Beiträge von Teilnehmern

Mit Blick auf die Vorbildfunktion ist es auch wichtig, wie Sie mit Äußerungen von Teilnehmern umgehen:
- Hören Sie aufmerksam zu.
- Unterbrechen Sie nicht.
- Halten Sie Blickkontakt.

144

- Gehen Sie auf die Beiträge ein.
- Freuen Sie sich über Beiträge und bedanken Sie sich dafür.

Wichtig ist auch die Art und Weise, in der ein Dozent mit den Leistungen der Teilnehmer umgeht:

Leistungen der Teilnehmer

- Erkennt er sie an?
- Geht er auf einzelne Teilnehmer ein?
- Bestätigt er auch normale Leistungen?
- Stellt er besondere Leistungen heraus, ohne die anderen zu frustrieren?
- Korrigiert er fehlerhafte Leistungen, ohne bloßzustellen?
- Ermutigt er leistungsschwache Teilnehmer?
- Motiviert er leistungsstarke Teilnehmer über interessante (Zusatz-)Aufgaben?

Die Vorbildfunktion zeigt sich schließlich besonders darin, wie Sie mit Konflikten im Seminar umgehen. Dieser Frage ist Kapitel 9 »Probleme in der Lerngruppe begegnen« gewidmet.

Seien Sie vorsichtig mit ironischen Bemerkungen, gerade zu Beginn des Seminars. Zu schnell kann dies missverstanden werden.

Ironische Bemerkungen

Dies sind nur wenige Punkte, die die Vorbildfunktion des Dozenten deutlich machen sollen. Die Liste lässt sich ohne Probleme fortsetzen. Es sind die vielen kleinen Dinge, die ein gutes Dozentenverhalten ausmachen und zu einem guten Lernklima beitragen.

Ein *negatives* Dozentenverhalten ist geprägt durch einen autoritären Umgang mit den Teilnehmern und durch die Tendenz, Probleme aus dem Weg zu gehen.

Negatives Verhalten

Überlegen Sie also vorher: Wie soll der Umgangston im Seminar sein? Verhalten Sie sich dann auch entsprechend.

Zu einem guten Dozentenverhalten gehört eine positive Ausdrucksweise. Hier werden häufig Fehler gemacht. Man kann den gleichen Sachverhalt positiv, aber auch negativ darstellen.

Positiv formulieren

Beispiel

Ein Dozent eröffnet ein Seminar mit den Worten: »Ich darf Sie herzlich begrüßen. Ich bedauere nur, dass wir wieder einmal den kleinsten Raum bekommen haben. Außerdem sind die Seminarmaterialien mal wieder nicht rechtzeitig fertig geworden.«

Wie könnte man diese beiden Missgeschicke positiv ausdrücken?

Positive Aspekte sehen

Abgesehen davon, ob man die Umstände überhaupt erwähnen muss und ob dies der richtige Moment ist: Man kann aus einem kleinen Raum auch einen gemütlichen machen und ankündigen, dass die Teilnehmer die Unterlagen am Ende des Tages bekommen. Denken Sie an das Glas, das halb voll oder halb leer sein kann.

Bitte verbessern Sie die folgenden Formulierungen. Drücken Sie es positiv aus:
»Was Sie sagen, ist doch Unsinn.«

»Dass Raucher auch immer ihre Pausen haben wollen.«

»Das dauernde Gequatsche dort in der Ecke nervt mich.«

»Dass Sie sich nicht für das Thema interessieren, dafür kann ich nichts.«

»Müssen Sie eigentlich immer zu spät kommen?«

»Ich hatte gehofft, es kommen mehr Teilnehmer.«

8.4   Beziehungen bewusst gestalten

Eine wichtige Voraussetzung für eine gute Lernatmosphäre ist eine gute Beziehung zwischen den Teilnehmern und Ihnen. Beziehungen kann man systematisch verändern, auch und gerade im Seminar. Die Kraft, die Beziehungen verändert oder zumindest verändern kann, ist wiederum die Art der Kommunikation miteinander. Immer wenn Sie etwas zu jemand anderem sagen, wird dadurch potenziell auch eine Beziehungsdefinition mitgeliefert. Sie sagen damit gleichzeitig: So will ich mit dir reden und so möchte ich, dass du dich auch mir gegenüber verhältst.

Kommunikation gestaltet Beziehungen

Kommunikation und Beziehungen beeinflussen sich gegenseitig

Zur Erläuterung ein Beispiel. Ein Teilnehmer spricht den Seminarleiter zu Beginn der Mittagspause auf ein Problem an, das er hat. Er antwortet:

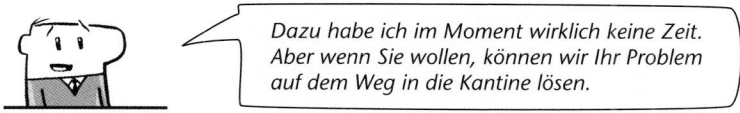

Dazu habe ich im Moment wirklich keine Zeit. Aber wenn Sie wollen, können wir Ihr Problem auf dem Weg in die Kantine lösen.

Im Beispiel kommt ziemlich deutlich die Beziehung der beiden Gesprächspartner zum Ausdruck, zumindest, wie sie von der Sprecherseite her definiert wird. Mit dieser Äußerung sagt der Seminarleiter gleichzeitig über die Beziehung in etwa Folgendes:

- Ich bestimme, wann wir das besprechen.
- Ich bestimme, wie viel Zeit ich für dich erübrigen will.
- Ich bestimme, wann und wo ich das Problem löse.
- Ich gehe davon aus, dass ich dein Problem schnell lösen kann.

Dominanz führt zu Unmut

Solche dominanten Äußerungen und Beziehungsdefinitionen führen im Seminar oft zu Demotivation, Unmut und Ablehnung. Deshalb sollten Sie darauf achten, welche Beziehungsdefinitionen in Ihren Äußerungen deutlich werden.

Über den anderen stellen

Alle müssen vor die Kamera – ohne Ausnahme.

Auf gleiche Ebene stellen

Ich möchte gerne das Prozedere bei der Videoübung mit Ihnen abstimmen.

Unter den anderen stellen

Nun helfen Sie mir doch. Wie sollen wir es denn nun machen?

Am günstigsten ist meist ein partnerschaftlicher Umgangston, bei dem Hierarchieunterschiede nicht oder nur indirekt zum Ausdruck kommen.

Beziehungen bewusst gestalten

Die Kommunikation nimmt auf die Beziehung Einfluss. Jede Äußerung enthält eine Beziehungsdefinition. Das bedeutet, dass man verantwortlich ist für die Beziehungen, die man mit anderen hat – auch und besonders im Berufsalltag. Gleichzeitig heißt das, dass man Beziehungen bewusst gestalten kann. Daher sind die vielen Klagen, die man häufig am Arbeitsplatz über das schlechte Arbeitsklima hört, eigentlich nicht gerechtfertigt.

Anders ausgedrückt: Es gibt in der Kommunikation keine bösen Täter und armen Opfer, sondern nur Spieler, die den Verlauf und das Ergebnis des Spiels mitbestimmen können. Auch wenn einige Spieler – zum Beispiel Sie als Seminarleiter – kommunikativ gesehen etwas bessere Karten haben als andere.

Keine Täter und Opfer

Gerade am Anfang einer Beziehung sind die Gestaltungsspielräume besonders groß. Ihre Teilnehmer kennen Sie noch nicht oder zumindest nicht gut. Sie haben noch keine festen Vor-Urteile gebildet. Die ersten Minuten im Seminar sind daher von besonderer Bedeutung. Hier wird ausgelotet, wie die Beziehung geartet sein wird.

Anfangs große Spielräume

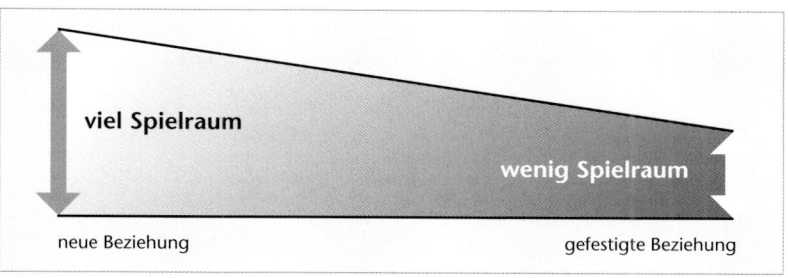

Ist das Seminar bereits in Gang, folgt nur noch die Feinabstimmung. Dabei kommen wiederum die Wahrnehmungen und Perspektiven ins Spiel. Wenn Ihre Teilnehmer einen guten Eindruck von Ihnen haben, wird es sie auch nicht irritieren, wenn Sie mal einen Fauxpas begehen.

Später kaum noch Spielraum

Festgelegte Beziehungen zu verändern ist hingegen schwierig. Selbst wenn Sie anfangen, sich bewusst anders zu verhalten, werden Ihre Teilnehmer Ihr Verhalten auf der Grundlage bisheriger Erfahrungen mit Ihnen interpretieren und sich meist fragen, woran es liegt, dass Sie plötzlich so anders sind. Das gibt wahrscheinlich Anlass zu Irritationen.

Wie geschieht die Beziehungsdefinition? Sie erfolgt einfach dadurch, dass Sie durch Ihre eigenen Äußerungen Beziehungsdefinitionen geben und dass Sie auf Äußerungen und damit Beziehungsdefinitionen Ihrer

Beziehungsdefinition

Gesprächspartner reagieren. Bei der Reaktion auf Äußerungen stehen Ihnen zwei grundsätzliche Möglichkeiten zur Verfügung: Sie können die Beziehungsdefinition annehmen oder ablehnen.

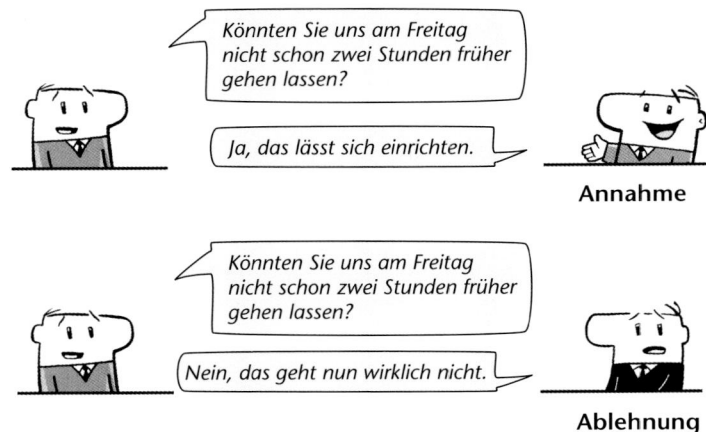

In vielen Fällen gibt es eine dritte Möglichkeit. Sie ignorieren die Äußerung und gehen gar nicht darauf ein. Das dürfte in unserem Beispiel aber keine Erfolg versprechende Strategie sein.

Äußerungen ignorieren

Jedes Mal, wenn Sie über die Reaktion auf eine Äußerung eine Beziehungsdefinition annehmen, lernen Seminarteilnehmer daraus, dass sie sich mit solchen Äußerungen und besonders mit Aufforderungen und Bitten auch in Zukunft an Sie wenden können (und Sie der Bitte wahrscheinlich wieder entsprechen). Spätestens wenn Sie eine bestimmte Beziehungsdefinition wiederholt abgelehnt haben, werden sich Ihre Seminarteilnehmer mit vergleichbaren Anliegen nicht mehr an Sie wenden.

Beispiel

Sie haben zu Beginn eines Seminars abgelehnt, über eine Verlängerung der Mittagspause zu diskutieren.

Ihre Aufgabe ist es, möglichst sensibel darauf zu achten, welche Äußerungen wichtige Beziehungsdefinitionen enthalten, und sich zu überlegen, wie Sie darauf reagieren wollen. Dies gilt besonders am Anfang eines Seminars.

8.5   Seminarklima ermitteln

Der erste Schritt zu einem guten Seminarklima ist seine Analyse. Denn erst dann weiß man, wo es hapert, womit die Teilnehmer unzufrieden sind und wo sich ihre Erwartungen nicht erfüllt haben.

Das Klima kann man gut in informellen Gesprächen am Abend oder in den Pausen ermitteln. Es gibt allerdings auch bewährte Methoden, um das Arbeitsklima innerhalb des Seminars systematisch zu erfassen. Davon sollten Sie regelmäßig Gebrauch machen. Haben Sie Unstimmigkeiten rechtzeitig erkannt, können Sie noch geeignete Maßnahmen ergreifen. Erfolgen die Kritik und entsprechende Hinweise erst bei der Aussprache am letzten Seminartag, kommen sie zu spät.

Informell oder offiziell

Es gibt drei bewährte Methoden. Dies sind:
    1. Stimmungsbarometer,
    2. Meckerecke und
    3. Blitzlicht.

Drei Methoden

Machen Sie sich zur Angewohnheit, bei längeren Seminaren mindestens eine dieser Methoden pro Seminartag einzusetzen.

Stimmungsbarometer

Das Stimmungsbarometer ist schon bei der Moderationstechnik als Beispiel für eine Punktabfrage erwähnt worden.

So fühle ich mich im Moment ...

Stimmung ermitteln per Punktabfrage

Vor- und Nachteile Stimmungsbarometer erfordern einen geringen Zeitaufwand, erbringen aber auch relativ undifferenzierte Ergebnisse. Allerdings können die Ergebnisse als Ausgangspunkt für eine Diskussion über das Klima dienen.

Meckerecke

Plakate aufhängen Bei der Meckerecke hängen Sie zwei Plakate an die Wand: eines mit der Überschrift »Das finde ich gut …«, eines mit der Überschrift »Das könnte man verbessern …«. Jeder Teilnehmer kann während des Unterrichts oder (anonym) in den Pausen seine Meinung auf die Plakate schreiben.

- *Vorteil:* Sie erfahren sehr schnell, wenn Teilnehmer unzufrieden sind.
- *Nachteil:* Sie können natürlich nicht sicher sein, dass sich alle Teilnehmer auf diese Art äußern.

Stimmung ermitteln per Punktabfrage

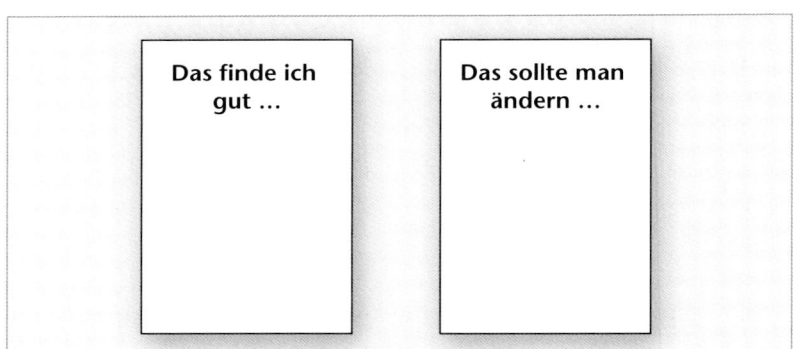

Blitzlicht

Kurze Stellungnahme Das Blitzlicht setzt man am besten am Ende eines Seminartages ein. Jeder Teilnehmer nimmt reihum kurz Stellung zu der Frage: »Wie fühle ich mich im Moment?« Natürlich sind auch andere Vorgaben möglich.

Solch ein Blitzlicht dauert nur wenige Minuten. In dieser kurzen Zeit erfahren Sie von *jedem* Seminarteilnehmer, wie er sich gerade fühlt und was er über das Seminar denkt.

Ein Blitzlicht dient nur der Bestandsaufnahme. Der Dozent kommentiert die Äußerungen nicht. Wer passen will, braucht nichts zu sagen. Es darf erst diskutiert werden, wenn die Runde abgeschlossen ist und wenn Sie das wollen.

Keine Kommentare

Allerdings sollten Sie die Teilnehmer nicht kritisieren. Auch Rechtfertigungen Ihrerseits sind an dieser Stelle nicht angebracht. Nehmen Sie Kritik lediglich entgegen und werten Sie später aus.

8.6 Seminarklima verbessern

Eine der drei grundsätzlichen Möglichkeiten, das Klima im Seminar zu verbessern, kennen Sie bereits: ein vorbildliches Dozentenverhalten.

Dozentenverhalten

Die *zweite* Möglichkeit liegt in einer Unterrichtsgestaltung, bei der die Teilnehmer möglichst viel Kontakt miteinander haben, gemeinsam arbeiten, sich besprechen, sich auseinander setzen und miteinander diskutieren.

Unterrichtsgestaltung

Die *dritte* Möglichkeit besteht in der Förderung des gegenseitigen Kennenlernens im Seminar und außerhalb. Die erste Gelegenheit zum Kennenlernen ist die Vorstellung im Seminar.

Untereinander kennen lernen

Auch gemeinsames Essen oder gemeinsame Aktivitäten in der Freizeit tragen zu einer Verbesserung des Klimas im Seminar bei. Gleichzeitig erhält der Dozent bei diesen »inoffiziellen« Zusammenkünften Hinweise zu seinem Verhalten und seinem Unterricht, die er im Seminar wahrscheinlich nicht erhalten würde – Hinweise positiver wie negativer Art.

Außerdem bieten solche Zusammenkünfte auch eine gute Gelegenheit, sich als Privatmensch vorzustellen und die Teilnehmer ebenfalls als solche zu erleben. Möglicherweise stellen Sie Gemeinsamkeiten fest – dasselbe Hobby, derselben Urlaubsort oder Ähnliches. Sie können etwas aus der Rolle des Dozenten herausschlüpfen, was Ihnen vielleicht neue Sympathien bei den Teilnehmern einbringt.

Privatere Begegnungen

153

Gefühl der Zusammengehörigkeit Ein gemeinsamer Ausflug, eine Besichtigung, ein Kegelabend oder andere Aktivitäten fördern außerordentlich das Zusammengehörigkeitsgefühl. Selbst wenn Sie für solch eine Aktivität ein paar Stunden der Seminarzeit während des Tages opfern müssen: Die Teilnehmer sind sicher bereit, dafür abends eine Unterrichtseinheit nachzuholen.

Überlegen Sie, ob Sie nicht wenigstens an einem Abend etwas gemeinsam mit den Teilnehmern unternehmen können.

> **Verbesserung des Arbeitsklimas**
> ☐ Fördern Sie das Kennenlernen. Achten Sie besonders auf eine angemessene Vorstellung.
> ☐ Setzen Sie zur Auflockerung Comics, (Bild-)Witze, Spiele und Experimente ein.
> ☐ Fördern Sie den Kontakt zwischen den Teilnehmern und Ihnen und zwischen den Teilnehmern selbst.
> ☐ Wahren Sie Blickkontakt. Sprechen Sie die Teilnehmer mit Namen an.
> ☐ Lassen Sie die Teilnehmer viel zusammen in Gruppen arbeiten.
> ☐ Fördern Sie den Kontakt außerhalb des Seminars.
> ☐ Pflegen Sie einen partnerschaftlichen Umgang.
> ☐ Zeigen Sie sich auch einmal von Ihrer humorvollen Seite.
> ☐ Zeigen Sie auch mal eine Ihrer Schwächen.
> ☐ Gehen Sie mit Kritik sachlich um.
> ☐ Behandeln Sie Konflikte offen.

8.7 Umsetzung

1. Schreiben Sie sich alle wichtigen Punkte auf, die Sie umsetzen und ausprobieren wollen.
2. Formulieren Sie die Punkte so, dass sie möglichst konkret sind.
3. Legen Sie fest, welche Punkte Sie in welcher Reihenfolge in Angriff nehmen wollen.
4. Notieren Sie sich eine Frist.
5. Kontrollieren Sie, ob Sie den Punkt fristgerecht umgesetzt haben.

Diese Aspekte möchte ich umsetzen	Priorität	Termin	Erledigt
			☐
			☐
			☐
			☐
			☐
			☐
			☐
			☐
			☐
			☐
			☐
			☐
			☐
			☐

8.8 Fragen zum Verständnis

Sie haben für den dritten Tag eines Wochenseminars eine zweistündige Unterrichtseinheit übernommen. Bei Ihrem Eintreffen merken Sie sofort, dass die Stimmung in der Gruppe gereizt und aggressiv ist.

Was machen Sie?

_____

_____

_____

_____

_____

_____

_____

_____

_____

_____

_____

8.9   Planungsaufgabe

Sie merken, dass am dritten Tag Ihres Seminars die Stimmung zunehmend bedrückt ist. Die Teilnehmer wirken unlustig.

Nutzen Sie die folgenden Zeilen, um sich auf den souveränen Umgang mit einer solchen Situation vorzubereiten!

8.10 Reflexionsaufgabe

Nehmen Sie die CD-ROM zur Hand und sehen Sie sich die Videosequenz
»*Lernklima verbessern*« an.

Wie hätte der Dozent das Problem vermeiden können?

_____

_____

_____

_____

Was fällt Ihnen am Verhalten des Dozenten positiv auf?

_____

_____

_____

_____

Was gefällt Ihnen nicht an dem, was der Dozent sagt?

_____

_____

_____

_____

9 Problemen in der Lerngruppe begegnen

Ein Seminar, die Zusammenkunft mit anderen, meist unbekannten Menschen, ist eine ungewöhnliche und auch konfliktträchtige Situation.

Störungen im Unterricht – angefangen bei harmlosen Scherzen bis hin zu Verhaltensweisen, die dem Lernerfolg und dem Gruppenklima abträglich sind – sowie Probleme zwischen einzelnen Teilnehmern oder zwischen Teilnehmern und Dozent gehören daher zum Seminaralltag.

Der Dozent muss sich darauf einstellen. Er sollte Störungen und Konflikte als natürlich betrachten und angemessen darauf reagieren. Möglichkeiten dazu gibt es genug. Wahrscheinlich zeigt sich das Können und die Erfahrung eines Dozenten gerade hier besonders deutlich.

Dieses Kapitel liefert Ihnen Antworten auf Fragen wie:
- Wie entstehen Konflikte im Seminar?
- Wie geht ein Seminarleiter am besten mit Problemen in der Lerngruppe um?
- Wie reagiere ich am besten auf Angriffe?

9.1 Auf die emotionale Seite achten

Emotionale Faktoren Jeder Unterricht hat zum Ziel, Wissen zu vermitteln, Verhalten zu ändern und Abläufe einzuüben. Doch jeder Unterricht hat neben der sachlichen auch noch eine emotionale Seite. Sie resultiert einfach aus der Tatsache, dass unterschiedliche Menschen, die sich mehr oder weniger gut kennen und mehr oder weniger gut verstehen, für eine bestimmte Zeit zusammen lernen und arbeiten sollen.

Viele Probleme im Seminar resultieren aus emotionalen Faktoren. Je angespannter die Beziehung zwischen Ihnen und den Teilnehmern oder zwischen verschiedenen Teilnehmern ist, desto größeren Einfluss gewinnt die emotionale Seite. Deutlich wird dies an einer etwas schärferen Formulierung, einem missbilligenden Tonfall, an einem starren Gesichtsausdruck und am Vermeiden von Blickkontakt.

Emotionale Ebene kann stören Die emotionale Ebene dringt immer wieder an die sachliche Oberfläche und »stört« dadurch die sachliche Auseinandersetzung. Das Problem dabei ist, dass man bei starken Emotionen auf der Sachebene nicht weiterkommt, weil man nicht offen kommunizieren kann und möchte. Dann hilft nur, über die Art der Kommunikation offen zu reden, die eigenen Gefühle anzusprechen, die Gefühle des Gegenübers zu erfragen und zu versuchen, wieder eine vernünftige Kommunikationsbasis aufzubauen.

Schwer zu erkennen Leider sind Probleme auf emotionaler Ebene im Seminar nicht immer rechtzeitig zu erkennen. Dann ist die Beziehung vielleicht schon so belastet, dass auch das Gespräch Schwierigkeiten macht. In solch einem Fall kann man bei wichtigen Fragen und Entscheidungen zumindest darum bitten, die Kommunikation von Konflikten freizuhalten. Der nächste logische Schritt wäre dann, bei passender Gelegenheit den Konflikt zu analysieren und möglichst aus dem Weg zu räumen.

9.2 Entstehung von Konflikten erkennen

Stellen Sie sich vor: In Ihrem Seminar beginnt ein Teilnehmer mitten im Unterricht, demonstrativ Zeitung zu lesen, oder ein Teilnehmer greift Sie persönlich an und beschuldigt Sie der Inkompetenz. Sicherlich keine einfache, allerdings auch seltene Situation. Aber es gibt eine Reihe fast alltäglicher Situationen, die ebenfalls sehr unangenehm sein können.

Konflikte können ganz unterschiedliche Ursachen haben: Die Gründe können bei einzelnen Teilnehmern liegen, in den (gruppendynamischen) Beziehungen zwischen den Teilnehmern, in der Person des Dozenten und seinem Verhalten, selbst die Rahmenbedingungen können Einfluss nehmen.

Verschiedene Ursachen

Bitte analysieren Sie die folgenden drei Situationen im Seminar. Welche Ursachen könnte das jeweilige Verhalten haben? Versuchen Sie mehrere mögliche Ursachen zu finden.

Situation 1: Zwei Teilnehmer führen miteinander »Krieg«. Sie kritisieren die Beiträge des Kontrahenten ständig.
Mögliche Ursachen:

_____

_____

_____

_____

Situation 2: Ein Teilnehmer weiß auf alles eine Antwort und verbessert dauernd andere Teilnehmer.
Mögliche Ursachen:

_____

_____

_____

_____

Situation 3: Alle Teilnehmer sind auffällig still. Auf inhaltliche Fragen kommt kaum noch eine Antwort.
Mögliche Ursachen:

Konflikte durch einzelne Teilnehmer

Konflikte, die durch einzelne Teilnehmer hervorgerufen werden, haben hauptsächlich folgende Ursachen:

- *Missverständnisse* durch Mangel an Informationen und fehlenden Austausch
- *Unsicherheit* durch Mangel an Selbstvertrauen und unklare Ziele
- *Unsicherheit* durch unklare Ziele
- *Unbehagen* durch Mangel an Anerkennung und Erfolgserlebnissen
- *Frustrationen* durch Mangel an Verständnis für die eigenen Probleme
- *Über-* und *Unterforderung* durch methodische Mängel
- Gefühl des Ausgeschlossenseins durch Mangel an sozialer Integration
- *Normverletzungen* durch mangelndes Gespür für richtiges Verhalten
- *Unvermögen* durch mangelndes Wissen und Können

Auf die meisten dieser Mangelsituationen kann der Dozent Einfluss nehmen.

Konflikte durch den Dozenten

Genauso vielfältig sind die Ursachen, die vom Dozenten zu verantworten sind. Hier eine Auswahl:

- Der Unterricht ist nicht abwechslungsreich genug.
- Der Dozent geht zu schnell vor und kontrolliert nicht den Lernfortschritt der Teilnehmer.
- Er formuliert Aufgaben missverständlich.
- Er unterfordert die Teilnehmer und erläutert Zusammenhänge, die den Teilnehmern längst bekannt sind.

- Er bereitet einen schwierigen Stoff nicht richtig auf. Die Teilnehmer haben Verständnisschwierigkeiten.
- Er macht den Teilnehmern die Bedeutung des Lernstoffs nicht deutlich genug.
- Er geht zu wenig auf die Bedürfnisse und Wünsche der Teilnehmer ein.
- Er praktiziert einen autoritären Unterrichtsstil.
- Er lässt die Gruppe bei Entscheidungen allein.
- Er »reißt seinen Unterricht herunter« und zeigt wenig Interesse am Thema und am Unterricht.
- Er »verzettelt« sich in Einzelfälle.

Wegen dieser und anderer möglicher Ursachen sollte sich ein Dozent bei Problemen zuallererst fragen, ob nicht sein Verhalten oder seine Unterrichtsgestaltung (mit) schuld ist. Leider ist diese Fähigkeit zur Selbstkritik unter Dozenten immer noch zu wenig verbreitet.

Zunächst Selbstkritik

9.3 Missverständnisse aufklären

Probleme und Missverständnisse gehören zum Seminar. Was nicht heißt, dass sie stehen bleiben sollten. Es gibt zwei nützliche Werkzeuge, um Missverständnisse aus dem Weg zu räumen: *Feedback* und *Metakommunikation.*

Nützliche Werkzeuge

Feedback bedeutet nichts anderes, als dem Teilnehmer eine Rückmeldung zu geben, wie Sie sein Verhalten wahrnehmen und empfinden. Feedback enthält oft eine Wertung. Deshalb ist es wichtig, dass man das Feedback in der richtigen Form gibt. Das ist oft die Voraussetzung dafür, dass das Feedback angenommen wird. Dazu ein negatives Beispiel:

Feedback

Ihnen kann man einfach nichts recht machen.

163

Die folgende Übersicht erläutert die Fehler, die in dem Beispiel stecken, und enthält gleich dazu die Regeln für ein hilfreiches Feedback:

Regeln für
hilfreiches
Feedback

Fehler	Regel
Wenn man Feedback in Du-Form oder Sie-Form gibt, hört sich dies schnell wie ein Vorwurf oder Angriff an. Außerdem blendet man aus, dass es sich hier erst einmal nur um die eigene Meinung, um die persönliche Sichtweise, vielleicht um ein Vor-Urteil handelt.	Geben Sie Feedback in Ich-Form: Ich habe den Eindruck, ...
Pauschale Kritik nützt wenig, weil sie nicht konkret genug ist. Der Gesprächspartner kann aber nur konkrete Dinge ändern.	Erläutern Sie am Beispiel, was Ihnen aufgefallen ist und wie Sie es bewerten.
Kritik allein hilft dem Gegenüber wenig.	Sagen Sie immer auch, was Sie gern geändert sehen würden und welche Vorteile dies für alle Beteiligten mit sich bringen würde.
Man sollte nicht nur die negativen Aspekte in den Mittelpunkt stellen.	Kritik und Anerkennung gehören zusammen. Deshalb sollten Sie auch die positiven Dinge erwähnen.

Meta-
kommunikation

Die zweite Hilfe im Umgang mit Missverständnissen ist die *Metakommunikation*. Metakommunikation bedeutet, darüber zu reden, wie man miteinander redet. Ziel ist es, die Kommunikationssituation zu klären. Bildlich gesehen verlässt man die Kommunikationsebene und begibt sich eine Ebene höher, um die eigene Kommunikation aus der Distanz betrachten zu können.

Die Metakommunikation können Sie immer dann einsetzen, wenn Sie mit der Art und Weise der Kommunikation nicht einverstanden sind, wenn Sie Missverständnisse befürchten und die Gespräche in eine andere Bahn lenken möchten. Metakommunikation können Sie mit dem

Satz einleiten: »Ich würde mich gern einmal mit Ihnen darüber unterhalten, wie wir miteinander umgehen.« Für die Metakommunikation gelten dieselben Regeln, wie sie auch für das Feedback gelten.

Metakommunikation

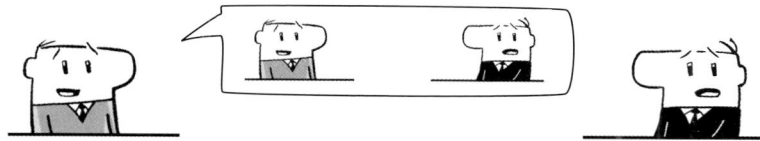

9.4   Mit Problemen in der Lerngruppe umgehen

Probleme im Seminar haben immer sowohl einen sachlichen als auch einen emotionalen Anteil. Deshalb als erster Hinweis für den Umgang mit Problemen: Lassen Sie sich nicht auf langwierige Diskussionen der sachlichen Seite ein. Fragen Sie sich und Ihre Teilnehmer auch nach den Gefühlen, die dahinter stecken.

Nach den Gefühlen fragen

Bitte sehen Sie sich die nachfolgenden beiden Situationen an. Wie würden Sie im Unterricht darauf reagieren? Überlegen Sie bitte auch, welche möglichen Nachteile die Reaktion haben könnte.

Situation 1: Teilnehmer unterhalten sich und lachen während Ihres Vortrags. Ihre Reaktion:

_____

_____

Mögliche Nachteile der Reaktion:

_____

165

Situation 2: Im Seminar sitzt ein Teilnehmer, der ständig nörgelt.
Ihre Reaktion:

_____

_____

Mögliche Nachteile der Reaktion:

_____

Sie haben bei solchen Störungen im Unterricht verschiedene Möglichkeiten. Die Bandbreite reicht von sanften bis zu ziemlich rigorosen Reaktionen.

Ignorieren Erste Möglichkeit: Übersehen Sie das störende Verhalten. Vielleicht
hört es von selbst wieder auf, vielleicht sorgen andere Teilnehmer –
etwa durch entnervte Blicke – für Abhilfe. Fruchtet dies nicht, gibt es
eine Reihe indirekter Maßnahmen, die oft helfen.

**Blicke
einsetzen** Wenn Teilnehmer miteinander schwatzen, reicht vielleicht ein Blick
aus, um sie zum Aufhören zu bewegen. Vielleicht hilft es auch, sich ihnen zu nähern. Drängt sich ein Teilnehmer dauernd in den Vorder-
grund, können Sie sich vielleicht so setzen, dass er nicht mehr in Ihrem
Blickfeld ist und ihn ab und zu »übersehen«.

**Methode
wechseln** Die nächste Stufe möglicher Reaktionen ist der Wechsel der Methode.
Wenn zwei Teilnehmer, die sich gern unterhalten, in unterschiedlichen
Gruppen mitarbeiten, sind diese Gespräche unterbunden. Vielleicht
reicht es auch schon, einen der beiden zu bitten, Teilnehmeräußerungen auf Karten zu schreiben und sie anzuheften, oder ihm eine andere
Aufgabe zu übertragen.

**Persönliches
Gespräch** Wenn diese Maßnahmen nicht helfen, ist ein Gespräch unter vier Augen der nächste Schritt. Als vielleicht letzte Stufe bleibt die Diskussion
des Problems im Plenum.

Umgang mit Störungen

1. Ignorieren, nicht bestätigen
   Blickkontakt meiden, kalte Schulter zeigen
2. Situation ändern
   Methodenwechsel, umsetzen
3. Kleine missbilligende Mimik und Gestik
   Zweifelnder Blick, Lächeln vermeiden
4. Deutlich missbilligende Mimik und Gestik
   Stirnrunzeln, zweifelnde Gestik
5. Indirekter Hinweis
   »Gibt es andere Meinungen?«, »Kann es jemand treffender formulieren?«
6. Direkter Hinweis
   »Können Sie bitte zum Thema zurückkommen?«
7. Gespräch in der Pause
   »Ich habe eine Bitte an Sie…«
8. Unterbrechung des Unterrichts, (gemeinsames) Klären der Situation
   »Bevor wir weitermachen, möchte ich…«

Falls es möglich ist und die Störung als »harmlos« einzustufen ist, sollten Sie versuchen, humorvoll darauf zu reagieren. Wenn alle mitlachen können, ist das Problem schnell aus der Welt geschafft. Allerdings: Alle müssen mitlachen können. Keiner darf sich ausgelacht, diskriminiert oder bloßgestellt fühlen.

Humorvoll reagieren

Grundsätzlich gilt: Seien Sie freundlich, aber bestimmt. Denken Sie immer daran: Wie Sie auch reagieren, Sie sind als Dozent immer Modell für den Umgangsstil im Seminar.

Sehen Sie sich unter dem Aspekt des Vorbildcharakters folgende drei Situationen an. Wie beurteilen Sie die Reaktionen des Dozenten?

Situation 1: Ein Teilnehmer kommt zum zweiten Mal zu spät. Der Dozent sagt: *»Sie steigern sich. Heute waren Sie zwei Minuten früher als gestern.«* Ihre Einschätzung der Reaktion des Dozenten:

Situation 2: Zwei Teilnehmerinnen erzählen und lachen wiederholt während des Unterrichts. Der Dozent sagt: »*Ah, unsere beiden Geschichtenerzähler. Was gibt es denn so Wichtiges?*«
Ihre Einschätzung der Reaktion des Dozenten:

Situation 3: Die Teilnehmer reden bei einer Diskussion durcheinander. Der Dozent sagt: »*Wir können zwar zusammen singen, aber nicht zur gleichen Zeit reden.*«
Ihre Einschätzung der Reaktion des Dozenten:

Eventuell Spannungen

Die Reaktion auf die dritte Situation ist unproblematisch. Bei den ersten beiden Fällen können die Reaktionen zu Spannungen führen. Sie sind vielleicht noch vertretbar, wenn der Dozent die Teilnehmer sehr gut kennt und sie sich an seinen Humor gewöhnt haben. Aber es ist nie auszuschließen, dass ein Teilnehmer die Äußerung »in den falschen Hals« bekommt.

Umgang mit Kritik

Wenn man selbst kritisiert wird, ist das nie angenehm. Wenn dies vor anderen Teilnehmern geschieht, erst recht nicht. Wie gehen Sie am besten mit Kritik um?

Zuhören

Die wichtigste Regel besteht aus einem einzigen Wort. Es lautet: *Zuhören!* Nur wer zuhört, kann herausbekommen, was den Teilnehmer stört.

Außerdem haben Sie Zeit zum Nachdenken. Reagieren Sie also nicht vorschnell und tun Sie die Kritik nicht mit einer Floskel (»Das gehört hier nicht her«), einem Gegenangriff (»Sie wollen doch nur den Unterricht kaputtmachen«) oder einem Gefühlsausbruch (»Das ist ja eine Unverschämtheit«) ab. Sie können sogar noch mehr tun: nachfragen und bestätigen.

Zuhören und Bestätigen		
Reaktion	**Methode**	**Beispiel**
Ermutigen	Zeigen, dass man zuhört und versteht	»Stimmt«, »Ja, richtig«, »Kenne ich«
Neu formulieren	Zu erkennen geben, dass man die Aussagen verstanden hat	»Wenn ich Sie recht verstehe ...«, »Mit anderen Worten ...«
Wichtiges zusammenfassen	Zu erkennen geben, dass man den Kern der Ausführungen versteht	»Es ist Ihnen wohl besonders wichtig ...«, »Wenn ich Sie richtig verstanden habe, geht es Ihnen darum ...«
Gefühle reflektieren	Wissen lassen, dass man versteht, was der andere empfindet	»Das muss ja schlimm gewesen sein«, »Ich kann mir gut vorstellen, wie Sie sich dabei gefühlt haben«

Konstruktiver Umgang mit Kritik

Wenn Sie kritisiert werden, sollten Sie in folgender Weise reagieren:

Tipps für Umgang mit Kritik

- Bleiben Sie ruhig.
- Lassen Sie den oder die Teilnehmer aussprechen.
- Zeigen Sie Verständnis.
- Versuchen Sie, so rasch wie möglich das Grundproblem zu erkennen.
- Fragen Sie bei Unklarheiten nach.
- Versuchen Sie, den sachlichen Kern der Kritik herauszuschälen.
- Hüten Sie sich vor Schuldzuweisungen und Angriffen.
- Machen Sie keine voreiligen Versprechungen.

169

9.5 Angriffe gegen die Person abwehren

Grundsätzlich lassen sich Angriffe gegen die Person und Angriffe gegen die Sache unterscheiden.

Beispiele für unfaire Angriffe gegen die Person:

- Dem Angegriffenen wird fehlende Sachkenntnis unterstellt:

> Können Sie das als Außenstehender überhaupt beurteilen?

- Seine Glaubwürdigkeit wird angezweifelt:

> Das haben Sie bereits im vergangenen Jahr versprochen. Passiert ist nichts.

Wenn Sie sich diese beiden Beispiele ansehen, überlegen Sie einmal: Was zeichnet solche unfairen Angriffe im Kern aus? Warum sind sie so gefährlich? Begründen Sie Ihre Meinung.

_____

_____

_____

Merkmale unfairer Angriffe

Unfaire Angriffe zeichnen sich im Kern durch zwei Punkte aus:
1. Es wird etwas unterschwellig behauptet, ohne es direkt zu benennen.
2. Das, was unterschwellig behauptet wird, ist sachlich falsch.

170

Unfaire Angriffe sind vor allem aus zwei Gründen gefährlich:

Gefahren

1. Es ist nicht immer leicht, die unterschwelligen Behauptungen zu erkennen.
2. Die unterschwelligen Behauptungen sind in der Regel nicht dadurch erfolgreich zu entkräften, dass man ihnen einfach widerspricht.

Warum sollte man bei einem unfairen Angriff sich weder rechtfertigen noch zurückschlagen?

Wenn man sich inhaltlich auf eine Diskussion einlässt, entsteht leicht der Eindruck, es könne doch was an den Behauptungen dran sein.

Auch ist es meist keine gute Lösung, es den Angreifern mit gleicher Münze heimzuzahlen. Dazu ein Beispiel: Nach einer Vortragssequenz werden Sie gefragt: »Können Sie das als Außenstehender eigentlich beurteilen?« Wenn Sie jetzt zurückschlagen: »Was erlauben Sie sich eigentlich, mir jetzt diese Frage zu stellen?«, dann kann sich der Angreifer immer elegant auf die Position zurückziehen, er habe doch gar nichts Negatives gesagt. Er wisse gar nicht, warum Sie sich so aufregen würden.

Nicht zurückschlagen

Bei einem unfairen Angriff sollten Sie sich weder rechtfertigen noch sich verteidigen noch zurückschlagen noch flüchten. Legen Sie stattdessen durch konsequentes Nachfragen die falschen bzw. unterschwelligen Behauptungen offen.

Zu den Abwehrmöglichkeiten unfairer Angriffe ein Beispiel: Sie wollen ein Thema durch die Teilnehmer in der Gruppe erarbeiten lassen. Daraufhin greift ein Teilnehmer Sie an: »Wollen Sie uns denn alles selber tun lassen? Sie sind wohl schlecht vorbereitet?«

171

Abwehr-
möglichkeiten

Abwehrmöglichkeiten sind:

- Fragen Sie zurück: »Was wollen Sie damit sagen?« Damit fordern Sie Ihren Gegner auf, die unterschwellige Behauptung offen zu legen. Das kann er aber nicht tun, weil er ja nicht weiß, ob sie stimmt.
- Reagieren Sie mit Schlagfertigkeit. Ein griechischer Sophist sagte einmal: »Wer die Zuhörer zum Lachen bringt, hat gewonnen.« Schlagfertigkeit ist oft die beste Methode zur Abwehr unfairer Angriffe. Sie kann allerdings schlecht trainiert werden. Dazu ein Beispiel, wie Altbundeskanzler Adenauer folgenden Angriff abwehrte: »Früher haben Sie aber eine andere Meinung vertreten.« Er antwortete: »Wollen Sie mir verbieten dazuzulernen?«
- Argumentieren Sie auf der inhaltlichen Ebene und widerlegen Sie den Vorwurf: Zeigen Sie auf, dass es wenig nützt, wenn Sie den Teilnehmern alles in Vortragsform eintrichtern. Erläutern Sie, wie wichtig Erfahrungsaustausch ist.

Allgemeine
Ratschläge

Generell sollten Sie bei persönlichen Angriffen beachten:

- Lassen Sie den Gegner ausreden.
- Bleiben Sie ruhig, bleiben Sie sachlich.
- Lassen Sie Behauptungen wiederholen.
- Fragen Sie nach.
- Analysieren Sie die Ursachen des Angriffes.
- Verlangen Sie Beweise.
- Verlangen Sie die Klärung von Begriffen und Sachverhalten.

Drei wichtige
Hinweise

Auf jeden Fall sollten Sie diese drei Hinweise beachten:

1. Lassen Sie sich nicht die emotionale Stimmung, die Lautstärke oder den Grad der Unfairness vom Angreifer aufdrängen.
2. Begeben Sie sich nicht in Rechtfertigungsposition.
3. Hüten Sie sich, Erklärungen abzugeben.

Falls alles nichts hilft, bleibt immer noch ein Mittel: Sprechen Sie die Art des Umgangs miteinander an.

9.6 Angriffe gegen die Sache abwehren

Häufiger als persönliche Angriffe sind Angriffe gegen die Sache. Folgende Strategien sind am häufigsten anzutreffen:

Fangfrage

Man kann durch Alternativfragen den Eindruck erwecken, es gäbe nur zwei Möglichkeiten zur Antwort, oder durch eine Suggestivfrage, es gäbe nur eine richtige Antwort.

Wenn Ihr Gegenüber die Strategie der *Alternativfrage* nutzt, lautet die Frage beispielsweise: »Sind Sie für oder gegen Raucherpausen?« Die Abwehr besteht darin, offen zu legen, dass Sie noch andere Alternativen haben. Zum Beispiel können Sie einen weiteren Vorschlag oder keinen der Vorschläge annehmen. **Alternativfrage**

Eine *Suggestivfrage* könnte zum Beispiel lauten: »Sie sind doch auch der Auffassung, dass man hier im Seminar etwas gegen die vielen Raucherpausen unternehmen muss, nicht wahr?« Die Antwort wird Ihnen also schon »in den Mund gelegt«. Die Abwehr besteht darin, zu widersprechen, wenn Sie anderer Ansicht sind. **Suggestivfrage**

Die verpackte Behauptung

Bei der verpackten Behauptung werden bestimmte Annahmen vorausgesetzt. Bei dieser Form der Frage spielt es eine besonders wichtige Rolle, diese Vorannahmen zu erkennen. **Annahmen erkennen**

Bestimmen Sie die Vorannahmen der folgenden Frage:
»Was gedenken Sie gegen die immer längeren Raucherpausen zu tun?«

Die Vorannahmen sind:
1. Die Raucherpausen sind zu lang.
2. Die Raucherpausen werden immer länger.
3. Dagegen muss etwas unternommen werden.

Annahmen hinterfragen
Sie sind dem Frager bereits auf den Leim gegangen, wenn Sie seine Frage nicht hinsichtlich der Vorannahmen hinterfragen. Antworten Sie also beispielsweise: »Was bringt Sie zu der Ansicht, dass die Raucherpausen zu lang sind?«

Gefühlsappelltaktik

Vorurteile
Bei dieser Technik wird nicht sachlich argumentiert, sondern es werden Vorurteile mobilisiert, oder es wird an Gefühle appelliert.

Beispielsweise sagen Sie: »Die Ausgaben in vielen Projekten sind zu hoch.« Darauf antwortet ein Teilnehmer: »Ja, wollen Sie denn, dass wir alle bei jedem Bleistift einen Antrag stellen, der dann umständlich genehmigt werden muss? Ich denke, wir haben schon genug Arbeit und genug Bürokratie.« Eine mögliche Gegenmaßnahme besteht darin, die Vorurteile offen zu legen.

Verdrehungstaktiken

Verfälschte Aussagen
Bei den Verdrehungstaktiken werden Thesen und Begriffe des Gegners aufgenommen und im Sinne des Angreifers verfälscht. Sie kennen sicher den passenden Ausdruck: »Einem das Wort im Mund verdrehen.« Dazu gibt es eine Vielzahl von Methoden. Die Abwehr ist bei allen Varianten identisch: Es kommt darauf an, das unterschwellig Gesagte offen zu legen.

Beispielsweise sagen Sie: »Die Arbeitsbelastung in Projekten ist oft sehr hoch.« Daraufhin antwortet ein Teilnehmer: «Sie reden hier von Belastung. Aber es ist doch gar keine Belastung. Es ist doch vielmehr ein glücklicher Umstand, dass die Projektmitarbeiter zeigen können, was sie draufhaben.«

Semantische Fallen

Ein und dasselbe Wort kann ganz unterschiedliche Bedeutungen ha-   **Neue Etiketten**
ben, je nachdem welche Werthaltungen ein Mensch hat. Eine häufige
Form ist das Umetikettieren von Worten.

Sie sprechen beispielsweise im Seminar über Möglichkeiten, durch Ra-
tionalisierung Kosten einzusparen. Ein anwesender Betriebsratsvorsit-
zender fragt Sie: »Können Sie es wirklich mitverantworten, dass es zur
Arbeitsplatzvernichtung durch diesen Rationalisierungsterror kommt?«
Was ist geschehen? Der Betriebsratsvorsitzende hat den Begriff *Ratio-
nalisierung* in *Arbeitsplatzvernichtung* und *Rationalisierungsterror* um-
etikettiert.

Übertreiben

Bei der Übertreibungstechnik wird die These des Gegenübers ins Ge-   **Gefährlich**
fährliche oder Absurde übertrieben. Beispielsweise fragt ein Teilnehmer   **oder absurd**
auf die These, man solle mehr Heimarbeitsplätze einrichten: »Ja, wol-
len Sie denn, dass wir uns mit unseren Mitarbeitern nur noch auf dem
Betriebsausflug unterhalten können?« Die Abwehr besteht darin, offen
zu legen, dass die eigenen Argumente übertrieben dargestellt wurden.

Pauschalisierungen

Sehr beliebt, um Gesprächspartner aus dem Konzept zu bringen und   **Killerphrasen**
um eigene Unsicherheiten zu verbergen, sind die so genannten Killerphrasen, die jedes sachliche Gespräch und auch die Gesprächsatmosphäre empfindlich (zer)stören:

- »Das kann ja gar nicht funktionieren.«
- »Darüber brauchen wir gar nicht erst zu reden.«
- »Das wird überall so gemacht.«
- »Dazu haben wir keine Zeit.«
- »Das können Sie gar nicht beurteilen.«

Auch hier hilft die Nachfrage: »Wie kommen Sie zu dieser Auffassung?«

Bitte sehen Sie sich folgende Beispiele für Manipulation an. Wie würden Sie darauf reagieren?

»Wir als Praktiker sehen das ganz anders.«

»Damit geben Sie doch zu, dass...«

»Ich kenne Fälle, in denen...«

»Aus Ihren Ausführungen folgt eindeutig...«

»Was Sie da sagen, stimmt doch einfach nicht...«

»Sie sind noch zu kurz in der Abteilung, um das beurteilen zu können.«

»Das tun Sie doch nur, um Ihre Fehler zu vertuschen.«

»Das habe ich früher auch immer geglaubt...«

9.7 Schwierige Situationen in den Griff bekommen

Treten schwierige Seminarsituationen auf, kommt es auf zweierlei an: **Zwei Regeln**
1. Auf der Sachebene sollten Sie sich um Konsens bemühen.
2. Es gilt, die Situation der Teilnehmer im Auge zu behalten und auf der emotionalen Ebene Solidarität zu signalisieren.

Folgendes Vorgehen hat sich bewährt: **Vorgehen**

- Darstellung der Sachlage
  »Korrigieren Sie mich, wenn ich etwas falsch darstelle…«
- Fronten auflösen
  »Ich sehe natürlich, was Sie alles getan haben…«
- Sachliche Basis schaffen
  »Wir sollten versuchen, in Ruhe darüber zu reden…«
- Persönliche Ebene ausblenden
  »Wir wissen natürlich, dass Sie auch an einer guten Lösung interessiert sind…«
- Nachfragen
  »Kann ich Ihnen einige Fragen zur Sache stellen?«
- Feedback geben
  »Ich würde gern überprüfen, ob ich Sie richtig verstehe…«
- Argumente sachlich abwägen
  »Dieses Argument hat sicher Vorteile.«
- Eigene Position sachlich darstellen
  »Ich möchte Ihnen die Probleme mitteilen, die ich mit dem Vorschlag habe.«
- Lösung anbieten
  »Eine faire Lösung wäre vielleicht…«
- Vorteile herausstellen
  »Für Sie hätte das den Vorteil…«

So gehen Sie
mit Angriffen
richtig um

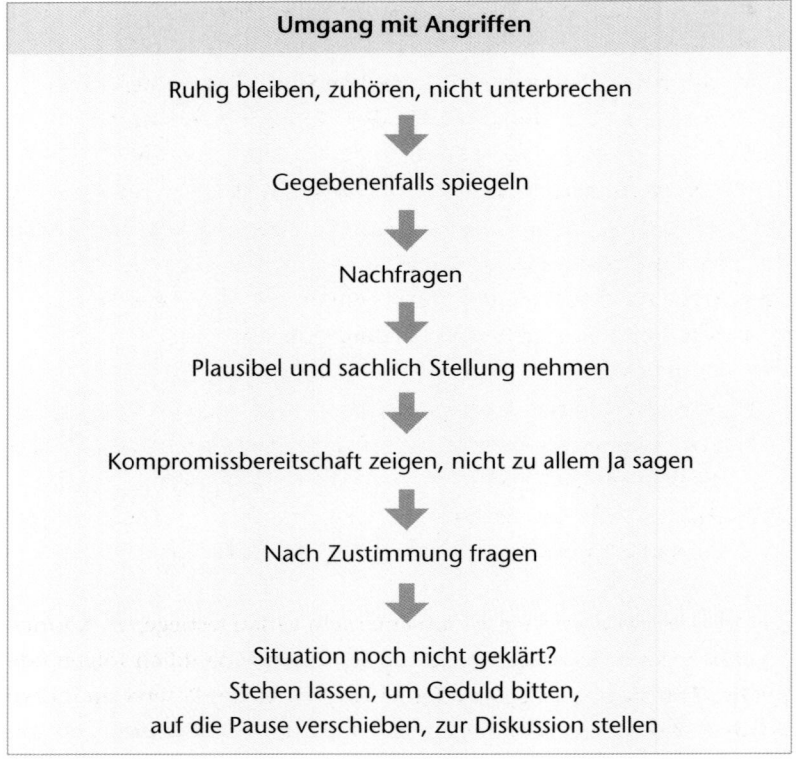

Umgang mit Angriffen

Ruhig bleiben, zuhören, nicht unterbrechen

Gegebenenfalls spiegeln

Nachfragen

Plausibel und sachlich Stellung nehmen

Kompromissbereitschaft zeigen, nicht zu allem Ja sagen

Nach Zustimmung fragen

Situation noch nicht geklärt?
Stehen lassen, um Geduld bitten,
auf die Pause verschieben, zur Diskussion stellen

9.8 Mit schwierigen Teilnehmern umgehen

Teilnehmer-
typen

Manche Teilnehmer können Ihre Geduld auf eine harte Probe stellen.
Denn nicht jeder Mensch ist von der Persönlichkeit gleich gut geeig-
net, zusammen mit anderen schnell eine Problemlösung und einen
Interessenausgleich zu finden. Besonders schwierig können folgende
Typen sein:

- der Vielredner
- der Schweiger
- der Choleriker und
- der Aggressive

Wie geht man mit diesen Typen am besten um? Generell gilt:

- Bleiben Sie ruhig und sachlich.

178

- Lassen Sie sich nicht durch die Art Ihres Gegenübers anstecken.
- Seien Sie betont höflich.
- Wenn dies alles nichts hilft, machen Sie Ihr Gegenüber darauf aufmerksam, dass sein Verhalten die sachliche Arbeit stört.

Vielredner

Bei *Vielrednern* sollten Sie eine Zeit zuhören und dann im richtigen Moment eingreifen. Vermeiden Sie es, seinen Redefluss weiter zu verstärken, indem Sie nicken oder nachfragen. Unterbrechen Sie den Redefluss, ohne dass Ihr Partner darüber sauer wird. Möglichkeiten sind:

- Mit Namensansprache den Redner stoppen:
  »Herr Müller, Sie haben sicher Recht...«
- Aussagen zusammenfassen, den Kern herausarbeiten:
  »Sie haben eine Menge wichtiger Dinge gesagt. Besonders wichtig erscheint mir davon...«
- Auf das Ziel oder die Zeit verweisen:
  »Damit wir schnell zum Ziel kommen, schlage ich vor...«

Schweiger

Bei *Schweigern* haben Sie das Problem, nicht genau festlegen zu können, woran Sie sind. Sie wissen nicht, ob sie Ihnen gedanklich folgen oder nicht. Hier hilft nur, sie mit offenen Fragen aus der Reserve zu locken: *»Was halten Sie von dem Vorschlag?«, »Wie wichtig sind motivierte Mitarbeiter für Sie?«*.

Choleriker

Choleriker sollten Sie erst einmal eine gewisse Zeit toben lassen, auch wenn dies schwer fällt. Denn wenn Sie zu früh intervenieren, schütten Sie nur noch mehr Öl ins Feuer. Allerdings hat alles sein Grenzen. Wenn Sie keine Möglichkeit sehen, wieder zu einer produktiven Zusammenarbeit zurückzufinden, sollte Sie dies Problem ansprechen.

Aggressive Teilnehmer

Aggressive Teilnehmer sind schnell beleidigt und reagieren mit Angriffen. Die Angriffe sind meist ebenso unsachlich wie emotional. Oft hilft es, das Verhalten anzusprechen: *»Herr Müller, Sie scheinen ja sehr verärgert zu sein. Darf ich nach dem Grund fragen?«*

Zeigen Sie Verständnis, wenn dieser Umstand begründet ist. Sollte ein solches Verhalten wiederholt vorkommen, machen Sie den Teilnehmer ein weiteres Mal auf sein Verhalten aufmerksam und sagen Sie ihm auch, dass Sie sich dies nicht länger bieten lassen.

9.9 Problemgespräche führen

Unter vier Augen

Tauchen Probleme mit einzelnen Teilnehmern im Unterricht auf, ist es oft der beste Weg, mit diesem Teilnehmer in der Pause oder am Abend ein Gespräch unter vier Augen zu führen.

Anlässe

Es gibt eine Reihe von Gelegenheiten, bei denen solch ein Problemgespräch notwendig werden kann:

- Sie müssen Kritik am Verhalten eines Seminarteilnehmers üben *(Kritikgespräch)*.
- Sie wollen einen Konflikt zwischen Teilnehmern aus dem Weg räumen *(Konfliktgespräch)*.
- Ein Teilnehmer beschwert sich bei Ihnen *(Beschwerdegespräch)*.

Emotionale Dimension

Das Besondere an Problemgesprächen ist die emotionale Dimension. Es geht nicht nur um die Sachebene, sondern auch um die Beziehungsebene. Problemgespräche sollten daher grundsätzlich unter vier Augen erfolgen, Konfliktgespräche möglichst mit allen Beteiligten.

Gespräche vorbereiten

Bitte überlegen Sie immer erst, ob Sie den Teilnehmer aus dem Affekt heraus ansprechen möchten. Dies kann problematisch sein, weil solch ein emotional geführtes Gespräch schnell eskaliert. Besser ist es meist, solche Gespräche gedanklich vorzubereiten.

Aspekte der Vorbereitung

Diese Vorbereitung betrifft die Ziele, den Partner, die Gesprächsführung und den Aufbau:

- Zielsetzung
  - Was will ich erreichen?
  - Was muss ich mindestens erreichen?
  - Was will ich vermeiden?
- Partner
  - Wie sieht seine Situation aus?
  - Welche Sicht hat er?
  - Wo liegen seine Bedürfnisse?
- Gesprächsführung
  - Was muss ich von ihm wissen?
  - Welche Informationen gebe ich?
  - Welche Argumente will ich vorbringen?

- Aufbau
  - Wie beginne ich das Gespräch?
  - Wo stecken die kritischen Punkte?
  - Wie gehe ich damit um?
  - Was soll am Ende herauskommen?

Der Erfolg eines Problemgesprächs hängt von der richtigen Gesprächsatmosphäre und Ihrem Verhalten im Gespräch ab.

> **Ratschläge für erfolgreiche Problemgespräche**
> ☐ ruhige Atmosphäre schaffen
> ☐ freundlich ins Gespräch einsteigen
> ☐ Aufmerksamkeit und Interesse zeigen
> ☐ hauptsächlich zuhören
> ☐ zunächst aller Kritik enthalten
> ☐ kein Chefgehabe an den Tag legen
> ☐ nicht drängen
> ☐ kein Verhör führen
> ☐ keine abfälligen Bemerkungen
> ☐ auf Gefühlsäußerungen behutsam eingehen
> ☐ Gemeinsamkeiten herausstellen

Ihr Gesprächspartner muss sich von Ihnen ernst genommen und akzeptiert fühlen. Dies schafft eine gute Voraussetzung für einen positiven Gesprächsablauf.

Wichtig sind vor allem
- eine akzeptierende Grundhaltung,
- eine sachliche Darstellung des Problems und
- präzise Beschreibungen Ihrer Beobachtungen.

Problemgespräche sind oft zäh und sehr stark von Gefühlen geprägt. Lassen Sie sich dadurch nicht entmutigen. Je besser Sie es verstehen, sich Ihrem Gesprächspartner zuzuwenden, desto schneller werden Sie zu einer konstruktiven Auseinandersetzung kommen.

Nicht entmutigen lassen

Bleiben Sie bei der Auseinandersetzung sachlich. Rundumschläge nach dem Prinzip »Was ich überhaupt schon immer einmal sagen wollte ...«

Sachlich bleiben

181

verringern die Chancen auf eine akzeptable Lösung. Weisen Sie Ihren Gesprächspartner ruhig auf mögliche Folgen seines Fehlverhaltens hin. Wenn Sie dies in angemessener Form tun, bringen Sie ihn dadurch wahrscheinlich zum Nachdenken und vielleicht zur Einsicht.

Nicht persönlich werden

Kritisieren Sie aber nur das Verhalten Ihres Gesprächspartners, niemals seine Person. Persönliche Kritik ist nämlich für jeden ein harter Brocken. Besser ist es also, strikt sachlich zu bleiben.

Vereinbarung treffen

Am Ende einer solchen Auseinandersetzung sollten Sie unbedingt gemeinsam eine Vereinbarung für Ihren zukünftigen, konfliktfreien Umgang im Seminar treffen. Dies ist die Voraussetzung dafür, weitere Konflikte zu vermeiden. Außerdem sollten Sie nach dem Gespräch nicht mehr auf die Auseinandersetzung anspielen. Sie haben eine Lösung gefunden – und damit ist die Sache erledigt.

Allgemeiner Ablauf

Bei den meisten Problemgesprächen ist der Aufbau vergleichbar. Solche Gespräche bestehen aus einer Rückschau mit einer Beschreibung und Bewertung der Vorgeschichte und des Ist-Zustandes durch die Gesprächspartner sowie einer Vorschau mit einer gemeinsamen Beratung und einem gemeinsamen Beschluss.

Rückschau　　　　　　　　　　　　　　　　**Vorschau**

Beschreibung　　　　　　　　　　　　　　　　Beratung
Bewertung　　　　　　　　　　　　　　　　　Beschluss

Sieben Phasen

Gliedert man ein Problemgespräch noch weiter auf, kommt man auf insgesamt sieben Phasen:

1. *Gesprächsbeginn*
   – Gesprächsanlass und Formalziel nennen
   – die positiven Aspekte und Gemeinsamkeiten herausheben

2. *Problemdefinition*
   – Problem als Frage formulieren und beschreiben
   – die Notwendigkeit der Lösung ansprechen

– Situation aus eigener Sicht sachlich und offen schildern
– Verständnis für die eigene Situation und Sichtweise wecken
– Übereinstimmungen in der Einschätzung der Situation sicherstellen, um Stellungnahme bitten

3. *Problemdiskussion*
   – Vorgehensweise vorschlagen oder gemeinsam erarbeiten
   – Informationen zusammentragen
   – Fakten von Meinungen trennen
   – Informationen strukturieren, Unwichtiges streichen
   – Informationslücken suchen und schließen
   – Teilergebnisse festhalten

4. *Lösungssuche*
   – Lösungsansätze entwickeln, abschätzen, bewerten
   – Konsequenzen durchspielen

5. *Entscheidungsfindung*
   – gemeinsam die beste Lösung auswählen
   – Akzeptanz beim Gesprächspartner erfragen

6. *Umsetzung*
   – festlegen, wie das Ergebnis umgesetzt wird

7. *Gesprächsabschluss*
   – Ergebnis zusammenfassen und festhalten

9.10 Umsetzung

1. Schreiben Sie sich alle wichtigen Punkte auf, die Sie umsetzen und ausprobieren wollen.
2. Formulieren Sie die Punkte so, dass sie möglichst konkret sind.
3. Legen Sie fest, welche Punkte Sie in welcher Reihenfolge in Angriff nehmen wollen.
4. Notieren Sie sich eine Frist.
5. Kontrollieren Sie, ob Sie den Punkt fristgerecht umgesetzt haben.

Diese Aspekte möchte ich umsetzen	Priorität	Termin	Erledigt
			☐
			☐
			☐
			☐
			☐
			☐
			☐
			☐
			☐
			☐
			☐
			☐
			☐
			☐

9.11 Fragen zum Verständnis

1. Sie haben in Ihrem Seminar einen Teilnehmer sitzen, der wiederholt Ihre Äußerungen mehr oder weniger falsch bewertet und Ihnen das auch sagt – nach dem Motto »Das kann man aber ganz anders sehen« und »Da hab ich aber etwas ganz anderes gelesen«.

   Wie reagieren Sie beim ersten dieser Angriffe bzw. Einwände?

   _____

   _____

   _____

   _____

   Warum?

   _____

   _____

2. Wie reagieren Sie beim zweiten und dritten Angriff bzw. Einwand?

   _____

   _____

   _____

   _____

   Warum?

   _____

   _____

9.12 Reflexionsaufgabe

Nehmen Sie die CD-ROM zur Hand und sehen Sie sich die letzte Videosequenz »Problemen begegnen« an.

Welches Problem liegt hier vor?

_____

_____

_____

_____

_____

_____

_____

Wo sehen Sie mögliche Ursachen?

_____

_____

_____

_____

_____

_____

_____

10 Seminare abschließen

Es gibt keinen Dozenten, der ein Seminar gleich beim ersten Mal optimal durchführt. Auch ein Seminar muss sich entwickeln. Meist benötigt man mehrere Versuche, um das Seminar inhaltlich und didaktisch-methodisch so zu gestalten, dass die Teilnehmer und auch der Dozent damit zufrieden sind.

Sie haben als Dozent in jedem Seminar mindestens eine gute Chance, Ihr Seminar zu überprüfen und Möglichkeiten zur Verbesserung aufzuspüren: am Ende der Veranstaltung bei der Auswertung.

Diese Chance sollten Sie nutzen. Sprechen Sie mit den Teilnehmern über die Stärken und Schwächen Ihrer Seminare. Sie werden sehen, dass die Teilnehmer manch wertvollen Tipp für Sie parat haben, mit dem Sie Ihr Seminar noch weiter optimieren können.

Die Evaluation ist eine wichtige Aufgabe am Ende eines Seminars. Genauso wie man versuchen sollte, für einen guten Anfang eines Seminars zu sorgen, sollte man dies auch für die letzten Minuten der gemeinsamen Arbeit tun.

Dieses Kapitel liefert Ihnen Antworten auf Fragen wie:
- Warum lohnt es sich, Seminare auszuwerten?
- Welche Auswertungsmethoden gibt es?
- Wie schließe ich ein Seminar ab?
- Wie bereite ich die Umsetzung des Gelernten vor?
- Wie bereite ich ein Seminar nach?

10.1 Aus Seminaren lernen

Zwei Fehler   Es gibt zwei Hauptfehler bei der Auswertung von Seminaren:

1. Auf eine Auswertung wird gar keinen Wert gelegt.
2. Aus der Auswertung werden keine Konsequenzen gezogen.

Chance nutzen   In beiden Fällen verschenkt man die Chance, das Seminar und sein Verhalten als Dozent zu verbessern. Diese Chance zu nutzen, sollte eigentlich selbstverständlich sein. Trotzdem trifft man immer wieder Dozenten, die stets eine Begründung für negative Seminarbewertungen haben. Diese Bewertungen haben allerdings nie etwas mit ihrer Person oder ihrer Seminargestaltung zu tun.

Typische   Eine Auswahl von Standardausflüchten:
Ausreden
- Die Teilnehmer passten nicht zusammen.
- Die Voraussetzungen der Teilnehmer stimmten einfach nicht.
- Die Teilnehmer kapieren einfach nicht, dass...
- Kurz vor Weihnachten/Ostern/den Sommerferien kann man eigentlich kein Seminar mehr machen.

Dies sind alles mögliche Gründe – aber wie immer sollte jeder erst einmal vor seiner eigenen Türe kehren. Unterricht ist ein Zusammenwirken verschiedener Faktoren. Der Dozent ist immer beteiligt, sei das Seminarergebnis gut oder schlecht.

Rückschlüsse   Die Seminarauswertung ist eine einmalige Chance für den Dozenten. Er
ziehen   kann wertvolle Rückschlüsse aus der Einschätzung seiner Unterrichtskompetenz, aus seiner Methodik und aus dem Gruppenklima ziehen. Die Seminarevaluation bietet die Chance zu erfahren, was sich noch verbessern lässt. Diese Chance sollten Sie unbedingt nutzen, auch wenn Sie schon mal etwas Unangenehmes zu hören bekommen.

Kritik ernst   Am Ende eines Seminares wollen die meisten Teilnehmer schnell nach
nehmen   Hause und haben keine Lust, sich in lange Diskussionen über die Güte eines Seminars verstricken zu lassen. Außerdem ist die Gruppe zusammengewachsen: Man will dem Dozenten meist nicht zu guter Letzt noch »an die Karre fahren«. Wenn die Teilnehmer deshalb in der Abschlussbesprechung Kritik äußern, nehmen Sie diese Kritik besonders ernst.

Hören Sie sich ruhig an, was die Teilnehmer Ihnen zu sagen haben. **Ratschläge** Schreiben Sie es sich auf. Verteidigen Sie sich nicht. Fragen Sie vielmehr nach, wenn Ihnen etwas unklar ist.

10.2 Auswertungsmethoden richtig verwenden

Um ein möglichst objektives Bild der Stärken und Schwächen Ihres **Drei Methoden** Unterrichts zu erhalten, benötigen Sie eine gute Auswertungsmethode. Es gibt drei erprobte Methoden:
1. die Zuruf-Abfrage,
2. die Kartenabfrage und
3. die Themenanalyse.

Bei der *Zuruf-Abfrage* nehmen die Teilnehmer Stellung. Jeder kann sei- **Zuruf-Abfrage** ne Meinung abgeben, muss es aber nicht. Der Dozent notiert alle Teil- nehmeräußerungen auf einem Flipchartblatt, ohne sie zu kommentie- ren. Da keine Teilnehmeräußerungen kritisiert werden, handelt es sich hierbei um eine Art Brainstorming.

Nach Abschluss dieser Phase kann der Dozent Äußerungen nachfragen oder kommentieren. Er muss dies aber nicht. Und er sollte beachten: Kommentieren ist nicht gleichzusetzen mit Entschuldigen oder Schuld- zuweisen. Der Vorteil dieser Methode: Sie benötigt nur wenig Zeit.

Das Vorgehen bei der *Kartenabfrage* kennen Sie als Methode bereits: Sie **Kartenabfrage** dient auch der Ermittlung der Erwartungen der Teilnehmer. Vorteil die- ser Methode ist die Anonymität. Außerdem erfahren Sie nicht nur, was den Teilnehmern positiv oder negativ aufgefallen ist, sondern auch, wie viele Teilnehmer ähnlicher Meinung sind.

Die *Themenanalyse* verschafft Ihnen Informationen über die Einschät- **Themenanalyse** zung einzelner Seminarthemen. Dazu schreiben Sie die Hauptthemen Ihres Seminars untereinander auf und notieren waagerecht wichtige Analysekriterien wie
- Informationsgehalt,
- Aufbereitung,

189

- Verständlichkeit der Darstellung,
- Praxisbezug.

Versehen Sie die einzelnen Kriterien mit einer fünfstufigen Skala (++, +, 0, –,––).

Kombination Kartenabfrage und Themenanalyse ergänzen sich in ihren Ergebnissen. Ideal, aber zeitaufwendig ist deshalb eine Kombination beider Methoden. Dazu benötigen Sie zwei Stellwände.

Wenn Sie die Teilnehmer nicht bei der Auswertung stören wollen, verlassen Sie so lange den Raum, bis die Teilnehmer fertig sind.

Probieren Sie bei Ihren nächsten Seminaren einmal die unterschiedlichen Formen der Seminarauswertung aus. Suchen Sie die heraus, die Ihnen am meisten zusagt und Ihrem Seminar am besten entspricht.

Auswertungs-bogen Ein beliebtes, wenn auch nicht unproblematisches Instrument zur Auswertung ist der *Auswertungsbogen*. Viele Bögen gleichen sich im Aufbau und im Inhalt.

Gefragt wird vor allem nach
- Zielorientierung,
- Inhaltsauswahl und -aufbereitung,
- methodischem Vorgehen,
- Unterrichtstempo,
- Medieneinsatz,
- Verständlichkeit der Darstellung,
- Aktivierung und Beteiligung der Lernenden,
- Lernklima und
- Nutzen des vermittelten Stoffs.

Kriterien Generell gelten für Bögen dieselben Kriterien wie für die anderen Auswertungsmethoden:
- Sie sollten nutzbare Detailinformationen liefern.
- Sie sollten viel Raum für freie Äußerungen lassen.
- Sie sollten nicht zu ausführlich sein – sonst leidet die Motivation, den Bogen auszufüllen.

190

Seminar- und Lehrgangsbeurteilung

Kein Seminar ist so gut, dass man es nicht noch verbessern könnte. Helfen Sie uns und füllen Sie diesen Bewertungsbogen aus.

Dozent: _____ Seminar/Lehrgangsteil: _____

Bitte kreuzen Sie an:

	sehr gut	gut	zufrieden stellend	nicht zufrieden st.
Gesamturteil				
Aufbereitung des Stoffs				
Medieneinsatz				
Möglichk. zur Mitarbeit				
Arbeitsunterlagen				

	sehr hoch	hoch	zufrieden stellend	nicht zufrieden st.
Lernfolg für Sie				
Nutzen für die Praxis				

Welche Themen könnten Ihrer Meinung nach kürzer behandelt werden?

_____

_____

_____

Welche Themen sollten ausführlicher besprochen werden?

_____

_____

_____

Was könnte man am Lehrgang noch verbessern?

_____

_____

_____

Welche anderen Seminarthemen oder Lehrgänge würden Sie noch interessieren?

_____

_____

_____

Weitere Anmerkungen, Lob, Kritik, Verbesserungsvorschläge notieren Sie bitte auf der Rückseite!

Beispiel für einen Auswertungsbogen

191

Nachteile Was Auswertungsbögen problematisch macht: Rückfragen des Dozenten sind nicht möglich, und viele Teilnehmer füllen ihn nur flüchtig aus. Die Aussagekraft ist dadurch sehr eingeschränkt. Genauere und kritischere Ergebnisse bekommt man, wenn die Teilnehmer den Bogen mit nach Hause nehmen oder noch besser erst nach einigen Wochen zugesandt bekommen. Allerdings muss man die objektiveren Ergebnisse mit einem geringen Rücklauf erkaufen.

»Frühwarn-system« Noch ein wichtiger Rat: Häufig kommt es vor, dass Seminarteilnehmer am Ende des Seminars Punkte bemängeln, die man als Dozent hätte abstellen können, wenn man frühzeitig genug davon Kenntnis erhalten hätte. Deshalb sollten Sie ein »*Frühwarnsystem*« einbauen: Wenn Sie im Verlauf des Seminars den Eindruck gewinnen, dass die Teilnehmer unzufrieden sind oder das Gruppenklima schlecht ist, haben Sie die Möglichkeit, das Seminar zu unterbrechen.

Bitten Sie die Teilnehmer reihum, kurz zu folgenden Fragen Stellung zu nehmen:

- Wie fühle ich mich im Moment?
- Warum fühle ich mich so?
- Was wünsche ich mir?

Äußerungen diskutieren Am Ende der Runde können Sie bei Bedarf die Äußerungen zur Diskussion stellen und über das weitere Vorgehen gemeinsam entscheiden.

Stellen Sie sicher, dass Sie alle Kritikpunkte richtig verstanden haben. Fragen Sie bei Unklarheiten nach. Bitten Sie die Teilnehmer, Ihnen Verbesserungsvorschläge zu machen. Teilnehmer haben oft sehr gute Ideen.

Ergebnisse notieren Wenn eine Auswertungsphase überhaupt sinnvoll sein soll, müssen Sie sich die für Sie wichtigen Punkte aufschreiben und die Ergebnisse mit nach Hause nehmen. Erst dann haben Sie eine Grundlage für die Nachbereitung des Seminars.

Falls die Auswertung des Seminars von einem Vertreter der einladenden Organisation durchgeführt wird, stellen Sie sicher, dass Sie die Ergebnisse erhalten. Dies trifft besonders für die Bewertungsbögen zu.

192

10.3 Umsetzung des Gelernten vorbereiten

Viele Seminare, an deren Ende ein positiver Eindruck bei den Teilnehmern und beim Dozenten steht, bleiben trotzdem ohne Erfolg. Dies gilt zumindest dann, wenn man den Erfolg aus dem Blickwinkel der Umsetzung des Gelernten – des Transfers – betrachtet. Und der Transfer ist eigentlich das entscheidende Kriterium für den Erfolg eines Seminars.

Die Umsetzung entscheidet

Die Umsetzung scheitert meist an den Besonderheiten des Arbeitsplatzes und den Besonderheiten der Arbeitsbedingungen.

Die wichtigsten Faktoren sind:

Hauptfaktoren des Scheiterns

- *Mangelnde Gelegenheit*
  Ich kann beispielsweise nicht delegieren, wenn ich keine Mitarbeiter habe. Ich kann mein Wissen über Verkaufen am Telefon nicht anwenden, wenn ich gar keine Kunden betreue. Und ich kann den Computer nicht sinnvoll nutzen, wenn auf meinem Schreibtisch keiner steht.
- *Mangelnde Zeit*
  Es bleibt nicht genügend Zeit, um das neu Erlernte auszuprobieren. Allerdings ist dies auch eine gern benutzte Ausrede.
- *Mangelnde Unterstützung*
  Vorgesetzte und Kollegen stehen den mitgebrachten neuen Ideen skeptisch gegenüber und räumen dem Kollegen keine Chance ein, die Ideen umzusetzen – getreu dem Motto: »Das haben wir immer so gemacht, das wird nicht geändert.«
- *Mangelnde Ausstattung*
  Ich kann trotz bester Vorsätze meine Computerseminare nicht optimal abhalten, wenn ich zu wenig Übungsplätze habe. Ich kann auch keine bürgernahen Vordrucke gestalten, wenn ich nicht auf die notwendige technische Ausrüstung zugreifen kann.

Deshalb sollte am Ende eines Seminares auch eine Vorschau stehen. Besprechen Sie mit den Teilnehmern solche Umsetzungshemmnisse und überlegen Sie gemeinsam, was Sie dagegen tun können.

Hemmnisse beraten

Schließlich ist ein Grund für mangelnde Umsetzung der *Teilnehmer* selbst. Schnell gerät man wieder in die Alltagsroutine, schnell vergisst man, was

193

man gelernt und sich vorgenommen hat. Natürlich scheuen viele auch den Aufwand – denn Veränderungen sind immer mit Arbeit verbunden.

Schwierigkeiten ankündigen

Auch über diesen Punkt sollten Sie mit den Teilnehmern sprechen. Machen Sie deutlich, dass die Umsetzung (fast) nie reibungslos erfolgt. Sie können aber noch mehr tun, zumindest bei verhaltensorientierten Seminaren.

Transferbogen

Geben Sie den Teilnehmern zu Beginn des Seminars einen *Transferbogen*. In diesen Bogen schreiben die Teilnehmer alle Tipps und Hinweise auf, die für sie wichtig sind und die sie einmal ausprobieren wollen. Die Merkpunkte sollten so konkret wie möglich formuliert sein. Ein Merkpunkt wie *»Ich will meine Arbeit besser organisieren«* nützt wenig. Besser wäre eine Formulierung wie *»Ich räume jeden Abend vor dem Verlassen des Büros meinen Schreibtisch leer und mache mir eine Liste, was ich am nächsten Tag erledigen möchte«.*

Wichtige Aspekte notieren

Machen Sie nach jeder Lerneinheit eine kurze Pause und bitten Sie die Teilnehmer, sich die für sie wichtigen Merkpunkte aufzuschreiben. Wenn möglich, fassen Sie unmittelbar vorher die zentralen Inhalte der Lerneinheit zusammen. Am Ende des Seminars erläutern Sie den Teilnehmern dann, wie mit dem Transferbogen umzugehen ist:

1. Nehmen Sie sich den Bogen vor, wenn Sie wieder an Ihrem Arbeitsplatz sind und etwas Ruhe haben.
2. Wählen Sie einen oder zwei Punkte aus der Liste aus, die Sie gern einmal ausprobieren würden.
3. Falls eine Änderung beim ersten Mal nicht klappt, überlegen Sie bitte, woran das gelegen hat. Probieren Sie es ein zweites Mal, möglichst unter anderen Bedingungen.
4. Wenn möglich, beraten Sie sich mit Kollegen. Suchen Sie gemeinsam nach Umsetzungsmöglichkeiten.

Transferbrief

Eine zweite mögliche Hilfe ist der *Transferbrief*. Die Teilnehmer schreiben am Ende eines Seminars einen Brief an sich selbst und notieren dort alles, was sie verändern möchten. Danach gibt es zwei Möglichkeiten: Die Teilnehmer nehmen den Brief mit nach Hause mit der Aufforderung, ihn sich erst nach vier Wochen wieder anzusehen. Oder der Dozent schickt den Teilnehmern die Briefe nach vier Wochen per Post.

Umsetzung des Gelernten erleichtern

- *Die neu erworbenen Fähigkeiten und Fertigkeiten müssen angewendet werden.* Nur wenn die Teilnehmer den Lernstoff anwenden, nützt er ihnen.

- *Zur Anwendung gehört wiederholtes Üben.* Machen Sie deutlich, dass es ohne die Anwendung des Gelernten nicht geht.

- *Bei der Anwendung tauchen Schwierigkeiten auf.* Fast nie gelingt die Übertragung des Gelernten ohne Schwierigkeiten, ohne Aufgabe lieb gewonnener Gewohnheiten. Die Teilnehmer sollten das wissen und darauf vorbereitet sein.

- *Widerstände von Kollegen und Vorgesetzten sind zu erwarten.* Sagen Sie den Teilnehmern, dass sie mit Widerständen rechnen müssen und wie man am besten damit umgeht.

- *Geben Sie den Teilnehmern Hilfen an die Hand.* Arbeiten Sie mit Transferbögen oder Transferbriefen. Zeigen Sie Möglichkeiten der Umsetzung auf.

- *Fördern Sie die Kommunikation zwischen Teilnehmern nach dem Seminar.* Oft hilft bei Umsetzungsproblemen ein Gespräch mit einem anderen Seminarteilnehmer. Lassen Sie die Teilnehmer ihre Telefonnummern austauschen, weisen Sie auf die Bedeutung gegenseitiger Hilfe hin.

10.4 Seminare abschließen

Auch wenn die Teilnehmer am Ende oft schnell nach Hause möchten (und Sie wahrscheinlich auch): Die letzten Minuten sollten Sie dazu nutzen, sich von den Teilnehmern zu verabschieden und ihnen vielleicht auch zu danken. Achten Sie darauf, dass Sie am Ende keine Standard-Abschiedsformel herunterleiern. Sagen Sie etwas Passendes zum Seminar. Es sollte glaubhaft und authentisch sein und auch so klingen.

Abschied und Dank

Falls dies möglich ist, bieten Sie den Teilnehmern an, Sie anzurufen, wenn Sie mit der Umsetzung des Lernstoffes Schwierigkeiten haben. Vielleicht geben Sie bei längeren Seminaren jedem Teilnehmer zum Abschied noch die Hand.

10.5 Seminare nachbereiten

Mit Abstand auswerten

Die erste Regel der Nachbereitung lautet: Schreiben Sie alle Kritikpunkte und Verbesserungsmöglichkeiten auf und warten Sie ab, bis Sie genügend Abstand zum Seminar gewonnen haben. Erst dann überlegen Sie bitte, was Sie ändern können und möchten. Nutzen Sie dazu die folgende Checkliste:

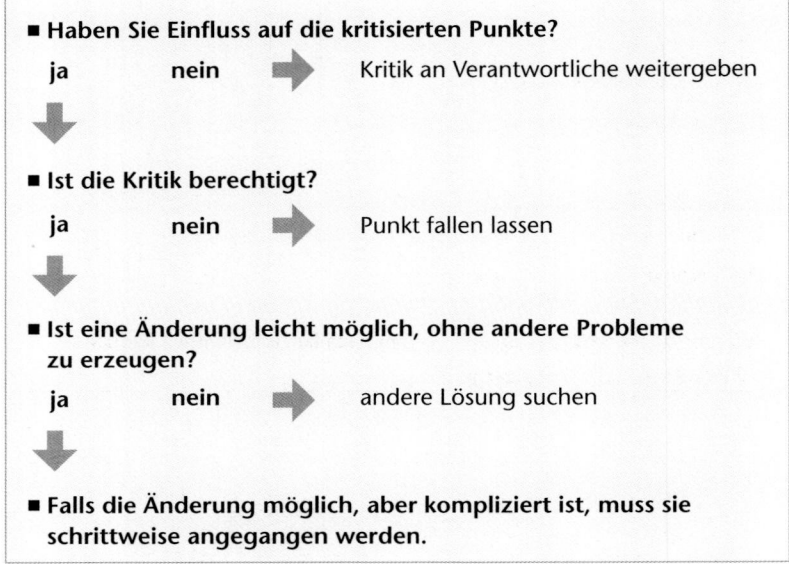

- **Haben Sie Einfluss auf die kritisierten Punkte?**
  ja   nein   ➡   Kritik an Verantwortliche weitergeben

- **Ist die Kritik berechtigt?**
  ja   nein   ➡   Punkt fallen lassen

- **Ist eine Änderung leicht möglich, ohne andere Probleme zu erzeugen?**
  ja   nein   ➡   andere Lösung suchen

- **Falls die Änderung möglich, aber kompliziert ist, muss sie schrittweise angegangen werden.**

Bitte sehen Sie sich die Seminarbeurteilung auf der nächsten Seite an. Die Antworten aller Teilnehmer sind in einem Bogen zusammengefasst.

Was ließe sich an diesem Seminar noch verbessern?

Beispiel für
Auswertungs-
ergebnisse

Seminar- und Lehrgangsbeurteilung

Kein Seminar ist so gut, dass man es nicht noch verbessern könnte. Helfen Sie uns und füllen Sie diesen Bewertungsbogen aus.

Dozent: **Müller**   Seminar/Lehrgangsteil: **Zeitmanagement**

Bitte kreuzen Sie an:

	sehr gut	gut	zufrieden stellend	nicht zufrieden st.
Gesamturteil	**2x**	**5x**	**2x**	**∕.**
Aufbereitung des Stoffs	**4x**	**5x**	**∕.**	**∕.**
Medieneinsatz	**1x**	**2x**	**4x**	**2x**
Möglichk. zur Mitarbeit	**1x**	**4x**	**3x**	**1x**
Arbeitsunterlagen	**6x**	**3x**	**∕.**	**∕.**

	sehr hoch	hoch	zufrieden stellend	nicht zufrieden st.
Lernfolg für Sie	**1x**	**5x**	**2x**	**1x**
Nutzen für die Praxis	**1x**	**4x**	**3x**	**1x**

Welche Themen könnten Ihrer Meinung nach kürzer behandelt werden?

Zielsetzung (3 Nennungen)

Welche Themen sollten ausführlicher besprochen werden?

**persönliche Arbeitsplanung (2 Nennungen), Delegieren,
Stressbewältigung**

Was könnte man am Lehrgang noch verbessern?

um 1 Tag verlängern

Welche anderen Seminarthemen oder Lehrgänge würden Sie noch interessieren?

∕.

Weitere Anmerkungen, Lob, Kritik, Verbesserungsvorschläge notieren Sie bitte auf der Rückseite!

Auswertung des Beispiels

Mehr Abwechslung

Am häufigsten wird der Medieneinsatz kritisiert. Hier sollte der Dozent prüfen, ob er nicht öfter Medien einsetzen kann, um den Unterricht abwechslungsreicher zu gestalten und den Teilnehmern durch bessere Visualisierung das Lernen zu erleichtern.

Mehr Mitarbeit

Auffällig ist auch, dass mehr Mitarbeit gefordert wird. Dieser Forderung sollte der Dozent zukünftig nachkommen.

Praxisnutzen

Der Nutzen für die Praxis wird sehr unterschiedlich bewertet. Der Dozent müsste sich noch einmal genau die Situation seiner Teilnehmer ansehen und seinen Unterricht stärker darauf abstimmen.

Nicht immer kann ein Dozent die besten Ergebnisse erzielen. Im oberen Drittel sollten Sie aber liegen.

Nichts überstürzen

Fallen die Ergebnisse negativ aus, sollten Sie nicht überstürzt bewährte Strukturen und Vorgehensweisen ändern. Oft ist es besser, ein weiteres Seminar abzuwarten und die Teilnehmer dieses Seminars nach ihrer Einschätzung zu fragen. Konzentrieren Sie sich anschließend auf wenige, wichtige Änderungen, damit Sie nicht den roten Faden verlieren.

Seminare richtig nachbereiten

- *Kein Seminar ohne Auswertung.*
  Nutzen Sie alle Möglichkeiten, Informationen über Ihren Unterricht zu erhalten.

- *Setzen Sie (auch) Verfahren ein, bei denen die Teilnehmer anonym bleiben können.*
  Hierdurch erfahren Sie möglicherweise Kritikpunkte, die sonst nicht zur Sprache kämen.

- *Bleiben Sie auch bei Kritik sachlich. Verteidigen Sie sich nicht.*
  Die Teilnehmer haben ein Recht auf ihre Meinung. Und jeder sieht eine Situation aus seinem Blickwinkel.

- *Nehmen Sie Kritik und Verbesserungsvorschläge ernst.*
  Suchen Sie nicht nach Entschuldigungen. Überprüfen Sie lieber, wie die Ursachen für diese Kritikpunkte abzustellen sind.
  Wenn Sie unsicher sind, fragen Sie bei anderen Dozenten nach.

- *Fragen Sie nach.*
  Falls Sie eine Kritik oder einen Verbesserungsvorschlag nicht genau verstehen, fragen Sie einzelne Teilnehmer oder die Gruppe.

- *Experimentieren Sie.*
  Greifen Sie Anregungen auf. Ändern Sie Ihre Konzeption – aber ohne gleich alles über den Haufen zu werfen.

- *Nehmen Sie nicht zu viele Änderungen auf einmal vor.*
  Machen Sie sich einen Plan. Gehen Sie einen Kritikpunkt nach dem anderen an.

10.6 Umsetzung

1. Schreiben Sie sich alle wichtigen Punkte auf, die Sie umsetzen und ausprobieren wollen.
2. Formulieren Sie die Punkte so, dass sie möglichst konkret sind.
3. Legen Sie fest, welche Punkte Sie in welcher Reihenfolge in Angriff nehmen wollen.
4. Notieren Sie sich eine Frist.
5. Kontrollieren Sie, ob Sie den Punkt fristgerecht umgesetzt haben.

Diese Aspekte möchte ich umsetzen	Priorität	Termin	Erledigt
			☐
			☐
			☐
			☐
			☐
			☐
			☐
			☐
			☐
			☐
			☐
			☐
			☐
			☐

10.7 Fragen zum Verständnis

1. Warum ist die Auswertung eines Seminares wichtig?

_____

_____

_____

2. Welche Auswertungsmethode setzen Sie ein oder wollen Sie einsetzen?

Methode:

_____

Begründen Sie Ihre Wahl:

_____

_____

_____

3. Welche Ratschläge geben Sie Ihren Teilnehmern mit, um die Umsetzung zu erleichtern?

_____

_____

Begründen Sie Ihre Auswahl:

_____

_____

_____

10.8 Planungsaufgabe

Entwerfen Sie unter Berücksichtigung der oben genannten Kriterien einen eigenen Auswertungsbogen.

10.9 Reflexionsaufgabe

Wenn Sie bereits einen Auswertungsbogen in einem Ihrer Seminare eingesetzt haben, fassen Sie die Ergebnisse auf einem Bogen zusammen und legen Sie den Bogen bei.

Name des Seminars:

_____

Dauer:

_____

Teilnehmergruppe:

_____

Was schließen Sie aus den Antworten?

_____

_____

_____

_____

Wie ließe sich Ihrer Meinung nach – aufgrund der Antworten – das Seminar verbessern?

_____

_____

_____

_____

Glossar

didaktisch-methodischer Fachbegriffe

A

Arbeitsanweisung

Anweisung für eine →Übung. Da es häufig bei den Teilnehmern zu Missverständnissen kommt, was sie genau tun sollen, sollten Arbeitsanweisungen möglichst schriftlich erfolgen und klar formuliert sein.

Arbeitsblatt

Grundlage für eine Erarbeitung oder Übung.

Arbeitsblätter sollten folgende Elemente enthalten:

– Überschrift

– klar beschriebener, klar gegliederter Auftrag

– Hinweise zur Durchführung

– erwartetes Ergebnis

– Hinweise zur Organisation

Arbeitsklima

Wichtige Grundbedingung für einen erfolgreichen Unterricht. Das Arbeitsklima ist u.a. abhängig vom →Dozentenverhalten, von der →Gruppendynamik und von der Unterrichtsgestaltung. Es sollten Methoden bevorzugt werden, bei denen die Teilnehmer miteinander ins Gespräch kommen.

Assoziationen

Voraussetzung für die Einbettung neuen Wissens im Gedächtnis. Wichtige Aufgabe des Dozenten ist es deshalb, Assoziationen zu schaffen, Neues mit Bekanntem zu verknüpfen.

B

Beispiel

Beispiele machen Stoff anschaulich und praxisnah. Achten Sie darauf, dass das Beispiel wirklich zum Stoff passt – zu häufig wird Lernen durch falsche Beispielwahl erschwert.

Betonung

Die richtige Betonung der Wörter, die Akzentuierung sinnwichtiger Begriffe ist eine wichtige Verständnishilfe.

Blickkontakt

Blickkontakt hilft dem Dozenten zu erkennen, wie aufmerksam die Teilnehmer zuhören und ob sich Ermüdungserscheinungen einstellen. Blickkontakt hilft aber auch, die Teilnehmer anzusprechen, zu einer Antwort aufzufordern u.a.

D

Diskussion

Die Diskussion ist eine Sonderform des Gespräches. Sie wird frei geführt, ist häufig emotional gefärbt und benötigt einen Leiter, der auf die Formalien (ausreden lassen, Reihenfolge der Meldungen usw.) achtet, die Diskussion einleitet und abschließt.

Dozent

Dozent ist ein gängiger Begriff für Lehrende, die Seminare durchführen.

Dozentenverhalten

Das Dozentenverhalten ist einer der Haupteinflussfaktoren für das Arbeitsklima und den Lernerfolg. Der Dozent sollte ein gutes Beispiel für partnerschaftlichen Umgang geben, Humor zeigen und auch mal Schwächen zugeben.

E

Einzelarbeit

Die Einzelarbeit ist eine →Sozialform, bei der Teilnehmer für sich alleine Stoff erarbeiten, üben oder den Lernerfolg kontrollieren. Wegen der fehlenden →Kommunikation sind nur kurze Phasen sinnvoll.

Erwartungsabfrage

Mittel, um die Teilnehmerinteressen abzufragen. Gebräuchlich sind →Gespräch und →Kartenabfrage. Die Kenntnis der Erwartungen der Teilnehmer ist Voraussetzung für einen teilnehmerorientierten Unterricht.

Evaluierung

Bei der Evaluierung geht es um die Ermittlung von Ergebnissen. Der Begriff wird meist in Zusammenhang mit der Seminarauswertung gebraucht. Es gibt aber auch die Teilnehmerevaluierung (Ermittlung der Teilnehmervoraussetzungen), die

Prozessevaluierung (Untersuchung des Lernprozesses im Seminar) sowie die Transferevaluierung (Überprüfung der Umsetzung des Gelernten).

F

Feedback

Rückmeldung, wie jemand ein bestimmtes Verhalten empfunden hat.

Gebräuchlich etwa bei der Auswertung eines →Rollenspiels.

Regeln:

– ehrlich sein

– nicht pauschalisieren

– nicht werten

Flipchart

Unterrichtsmedium, auch Papiertafel genannt.

Haupteinsatzgebiete:

– Visualisierung von Ergebnissen

– Auflistung wichtiger Merkposten

– Gliederung eines Themas

Frage

»Arbeitsmittel« für Gespräche. Zu beachten sind die Wahl der richtigen →Frageform und die richtige →Fragetechnik.

Frageformen

Für den Unterricht von Bedeutung sind

– offene Fragen (mit W-Fragewort)

– geschlossene Fragen (Ja-Nein-Fragen)

– Alternativfragen (entweder – oder)

– rhetorische Fragen (zur Gliederung)

Offene Fragen haben im Unterricht den größten Stellenwert.

Fragetechnik

Die Fragetechnik hilft, gezielt Fragen zu stellen und Fragefehler zu vermeiden.

Zur Fragetechnik gehören die Hinweise:

– verständliche Fragen stellen

– keine Wissensfragen an einzelne Teilnehmer

– keine Kettenfragen

– nicht (vorschnell) selbst antworten

G

Gespräch

Das Gespräch ist neben dem →Vortrag die wichtigste Unterrichtsmethode. Der Hauptvorteil besteht in der Aktivierung der Teilnehmer. Zu einem Gespräch gehört die richtige →Fragetechnik.

Gestik

Unterstützung der Sprache durch Handbewegungen. Da Gestik einen Vortrag lebendiger macht, sollte der Dozent seine Hände nicht verstecken.

Gruppe

Eine Gruppe ist gekennzeichnet durch eine Anzahl von Personen, die über längere Zeit zusammen sind und ein gemeinsames Ziel verfolgen. Jedes Seminar bedeutet eine neue Gruppe. Wie gut sie zusammenwächst, hängt von den Teilnehmern ab, dem →Dozentenverhalten und der →Gruppendynamik.

Gruppenarbeit

Gruppenarbeit ist die anspruchsvollste Sozialform, die aber bei Gelingen auch die besten Arbeitsergebnisse hervorbringt. Bedingungen für eine erfolgreiche Gruppenarbeit sind eine präzise Arbeitsanweisung und eine gute Auswertung.

Gruppendynamik

Wenn Gruppen zusammenarbeiten, entstehen dynamische Prozesse. Die Gruppe wächst zusammen. Dies geht nicht immer reibungslos vor sich. Häufig gibt es etwa Streit um die Macht in der Gruppe.

H

Hören

Einer der beiden leistungsfähigsten Sinneskanäle. Hören allein genügt aber nicht für einen bleibenden Lernerfolg. Hinzukommen muss das Sehen.

I

Inhalte

Stoff, der in einem Unterricht vermittelt werden soll.

Inhaltsaufbereitung

Aufbereitung des ausgewählten Lernstoffs zur Umsetzung im Unterricht. Der Dozent muss dabei folgende Hauptfragen klären:

– Wie schaffe ich den Teilnehmerbezug?

– Wie vermittle ich die Inhalte strukturiert und anschaulich?

– Wie stelle ich den Praxisbezug her?

– Welche Methoden wähle ich?

– Welche Medien nutze ich?

Inhaltsauswahl

Verfahren, aus der Fülle an Informationen den Stoff herauszusuchen, der im Unterricht durchgenommen werden soll. Hauptauswahlkriterien sind:

– Bezug zum Lernziel

– Bezug zu den Teilnehmern

– Bezug zur verfügbaren Lernzeit

K

Kartenabfrage

→Moderationstechnik zur Ermittlung von Meinungen, Wünschen usw. Die Teilnehmer schreiben Stichworte auf Karten, die Karten werden gemeinsam an einer Stellwand sortiert.

Kommunikation

Grundbedingung für einen erfolgreichen Lernprozess und für einen erfolgreichen Unterricht. Deshalb kommt im Unterricht allen Methoden eine besondere Bedeutung zu, die Kommunikation unterstützen: →Gespräch, →Partnerarbeit, →Gruppenarbeit, →Planspiel, →Rollenspiel.

Konflikte

Konflikte entstehen häufig, wenn (einander unbekannte) Teilnehmer in einem Seminar zusammenkommen. Konflikte können zwischen verschiedenen Teilnehmern entbrennen, aber auch zwischen Dozent und einzelnen Teilnehmern oder zwischen Dozent und Teilnehmergruppe. Konflikte haben stets Vorrang: Erst müssen sie beseitigt werden, dann kann der Unterricht weitergehen. Die beste Methode zur Bewältigung ist ein gemeinsames, sachliches Gespräch.

Kontrollblatt

Kontrollblätter dienen der Überprüfung des Gelernten. Sie eignen sich zur Selbstkontrolle und zur Kontrolle durch den Dozenten. Die Aufgaben in den Kontrollblättern sollten sich nach den →Lernzielen und den tatsächlichen →Inhalten des →Unterrichts richten.

Konzentration

Voraussetzung für einen guten Lernerfolg. Die Konzentrationsfähigkeit ist beim Menschen begrenzt, deshalb sind regelmäßige Erholungspausen wichtig.

Körpersprache

Sammelbegriff für →Mimik, →Gestik, Körperhaltung. Die Körpersprache ist ein persönliches Ausdrucksmittel, um Vorträge zu unterstützen.

L

Lernprogramme

Computergestützte Lernverfahren zur individuellen Aneignung von Wissen. Neuere Programme arbeiten zunehmend mit Interaktion, mit Bildern, Videosequenzen und Sprachausgabe.

Lernprogramme sind nur so gut wie das didaktische Konzept, das dahinter steckt.

Lernziele

Ziele, die die Teilnehmer nach Durchführung des Unterrichts erreicht haben sollen.

M

Medien

Medien dienen als Hilfsmittel im Unterricht dazu, Zusammenhänge zu veranschaulichen und zu visualisieren. Man unterscheidet
– Lehrmedien zur Unterstützung des Dozenten und
– Lernmedien zur Unterstützung des Lernprozesses der Teilnehmer.
→Medieneinsatz ist ein Muss in jedem Unterricht.

Medienausstattung

Ein Seminarraum sollte mindestens mit zwei Medien ausgestattet sein: einem Medium, um vorab erstellte Grafiken, Listen u.a. zu präsentieren (→Overheadprojektor, Stellwand), und einem Medium, um schnell im Unterricht etwas aufschreiben zu können (→Tafel, →Flipchart).

Medieneinsatz

Der Einsatz von Medien richtet sich nach den Zielen, den Teilnehmern und der Methodik. Es gibt immer nur ein optimales Medium. Bei der Auswahl sollte der Dozent die Vor- und Nachteile der einzelnen Medien berücksichtigen.

Merkblatt

Ein Merkblatt dient dazu, wichtige Inhalte einer Lerneinheit festzuhalten. Es ist eine Art schriftlicher Zusammenfassung.

Metaplantechnik

Bezeichnung für die →Moderationstechnik, bei der mit einer Metaplanwand gearbeitet wird.

Metaplanwand

Bezeichnung für die Stellwand.

Mimik

Gesichtsausdrücke sind Teil der →Körpersprache. Wichtigster Hinweis: Lächeln Sie auch mal.

Moderationstechnik

Sammelbegriff für verschiedene Verfahren wie →Kartenabfrage, →Punktabfrage und →schriftliches Diskutieren. Alle diese Methoden haben das Ziel, Teilnehmer zu aktivieren, die Inhalte auf die Teilnehmer abzustimmen und sie den Unterrichtsprozess (mit)gestalten zu lassen. Der Dozent wird zum Moderator.

Motivation

Stetige Aufgabe des Dozenten im Unterrichtsprozess. Es lassen sich unterscheiden:

– Anfangsmotivation: die Motivation, die die Teilnehmer in das Seminar mitbringen
– Einstiegsmotivation: die Motivation, die der Dozent am Anfang einer Lerneinheit schafft, um die Teilnehmer für das Thema aufzuschließen
– Verlaufsmotivation: die Motivation, die notwendig ist, damit die Teilnehmer dem Unterricht interessiert folgen

Motivation kann man durch ein ganzes Bündel von Maßnahmen erreichen. Zu den wichtigsten gehören:
– Teilnehmerorientierung
– Praxisnähe
– abwechslungsreicher Methoden- und Medieneinsatz
– gutes →Dozentenverhalten
– Schaffung attraktiver →Rahmenbedingungen u. a.

O

Operationalisierung

Genaue Beschreibung des Endverhaltens, das die Teilnehmer im Seminar nach dem Lernprozess erreichen sollen. Das Verhalten muss beobachtbar sein, die Bedingungen müssen genau definiert sein.

Beispiel:

Beobachtbares Endverhalten: Die Teilnehmer sollen von den 100 Begriffen im Glossar 20 aufzählen können.

Bedingungen: Die Teilnehmer haben zum Aufzählen fünf Minuten Zeit.

Orientierung

Orientierung ist neben →Strukturierung und →Veranschaulichung ein Grundprinzip eines teilnehmerorientierten Unterrichts. Orientierung bedeutet, dass die Teilnehmer zu jeder Zeit im Unterricht wissen,

– was gerade behandelt wird und

– warum dieses Thema behandelt wird.

Overheadprojektor

Gerät, um Folien an der Wand darzustellen. Der Overheadprojektor wird auch Tageslichtprojektor oder Proki genannt.

P

Partnerarbeit

Partnerarbeit ist eine →Sozialform. Sie ist schnell einzusetzen, erfordert keinen hohen Aufwand, unterstützt die →Kommunikation und fördert ein gutes Arbeitsklima. An die Vorbereitung und Auswertung sind genauso hohe Anforderungen zu stellen wie bei der →Gruppenarbeit.

Pausen beim Sprechen

Sprechpausen haben eine wichtige Gliederungsfunktion. Sie zeigen an, dass ein Sinnabschnitt abgeschlossen ist. Häufige Fehler sind zu kurze Pausen sowie Pausen an den falschen Stellen im Satz.

Pausen im Unterricht

Die →Konzentrationsfähigkeit Erwachsener hat Grenzen. Deshalb sollte nach spätestens 45 Minuten eine kürzere Pause, nach 90 Minuten Lernzeit eine längere Erholungspause eingeplant werden.

Pinnwand

Bezeichnung für die Stellwand.

Planspiel

Komplexe Unterrichtsmethode, deren Ziel eine möglichst genaue Praxissimulation ist. Meist spielen mehrere Gruppen miteinander bzw. gegeneinander und versuchen – teilweise auf Kosten der anderen Gruppen – ein optimales Ergebnis zu erreichen.

Praxisbezug

Praxisbezug ist eine ebenso notwendige wie oft vernachlässigte Grundforderung an jeden Unterricht. Ohne Praxisbezug ist der →Transfer, die Umsetzung des Gelernten, im Alltag gefährdet.

Punktabfrage

Punktabfrage ist eine →Moderationstechnik. Die Teilnehmer geben ihre Meinung, Stimmung und Einstellung durch Vergabe von Punkten kund.
Gebräuchlich ist etwa das Stimmungsthermometer. Hierbei wird ein großes Thermometer auf ein Flipchart-Blatt gemalt, und die Teilnehmer drücken ihre Stimmung durch Kleben von Punkten aus (sehr gut bis sehr schlecht).

R

Rahmenbedingungen

Bedingungen, unter denen ein Unterricht stattfindet. Zu den Rahmenbedingungen gehören u. a.
– der Seminarraum,
– die Raumausstattung,
– die Medien,
– Verpflegung und Unterbringung sowie
– Störungen.
Ungünstige Rahmenbedingungen können sich negativ auf den Unterricht auswirken.

Referent

Referent ist die Bezeichnung für einen Lehrenden, der gemeinsam mit anderen ein Seminar gestaltet. Dem Referenten stehen für sein Thema also nur einige Stunden oder Tage Zeit zur Verfügung. In der innerbetrieblichen Weiterbildung spricht man ebenfalls oft von Referenten.

Rollenspiel

Das Rollenspiel ist ebenso wie das →Planspiel eine Simulationsmethode. Die Grundidee ist, unterschiedliche Verhaltensweisen durchzuspielen und aus den Ergebnissen zu lernen. Ein Rollenspiel erfordert eine gründliche Vor- und Nachbereitung. Voraussetzung für die Teilnahme an einem Rollenspiel ist für viele Lernende eine entspannte Atmosphäre im Seminar.

S

Schriftliches Diskutieren

Schriftliches Diskutieren ist eine Moderationsmethode. Ziel ist es, langwierige Diskussionen zu vermeiden. Deshalb dürfen sich die Seminarteilnehmer nur schriftlich äußern und ihre Anmerkungen auf Karten schreiben. Gut einzusetzen ist diese Methode bei der Präsentation von Arbeitsergebnissen, etwa einer Gruppenarbeit.

Sehen

Das Sehen ist ein wichtiger Sinneskanal. Um die Behaltensleistung zu verbessern, sollten Informationen verbal (→Hören) und visuell (Sehen) vermittelt werden.

Seminarprogramm

Beschreibung des Seminars mit
– Zielen,
– Teilnehmern/Zielgruppe,
– Dauer,
– Inhalten und
– Seminarverlauf.

Seminarraum

An den Seminarraum sind einige Anforderungen zu stellen. Er sollte:
– groß genug sein,
– hell genug sein,
– ungestört liegen,
– richtig mit Tischen und Stühlen ausgestattet sein und
– verdunkelt werden können.

Skript

Begleittext mit den (wichtigsten) Aussagen des Seminars, als Hilfe zum Wiederholen und Nachschlagen.

Sozialformen

Sammelbezeichnung für die Methoden →Einzelarbeit, →Partnerarbeit, →Gruppenarbeit. Der Vorteil der Sozialformen liegt in der Aktivierung der Teilnehmer.

Sprechtechnik

Die Sprechtechnik ist ein Sammelbegriff für verschiedene Sprechmerkmale. Sie ist neben inhaltlichen Aspekten wie Wortwahl und Satzbau entscheidend für die →Verständlichkeit der Sprache.

Zur Sprechtechnik gehören

– Betonung,

– →Pausen beim Sprechen,

– Lautstärke sowie

– →Sprechtempo.

Sprechtempo

Schnelligkeit, mit der gesprochen wird. Redet der Dozent zu schnell, können die Teilnehmer nicht mehr folgen. Die Konzentration und der Lernerfolg leiden.

Strukturierung

Die Strukturierung gehört zu den erfolgsentscheidenden Grundprinzipien des Unterrichts. Eine wichtige Aufgabe des Dozenten liegt darin, die Inhalte zu strukturieren, d. h. in einen klaren und nachvollziehbaren Zusammenhang zu bringen.

T

Tafel

Gebräuchliche Visualisierungshilfe. Sie ist vor allem dann geeignet, wenn man im Unterricht etwas schnell festhalten will. Der Nachteil ist ihre feste Position. Empfehlenswert sind Whiteboards – sie lassen sich flexibler einsetzen.

Tageslichtprojektor

Andere Bezeichnung für den →Overheadprojektor.

Teamteaching

Unterricht, der von zwei Dozenten gleichzeitig gestaltet wird.

Vorteile:

– abwechslungsreicher Unterricht

– weniger anstrengend für einzelnen Dozenten

– hoher Lerneffekt

Teilnehmeranalyse

Die Teilnehmeranalyse ist die Voraussetzung für einen teilnehmerorientierten Unterricht. Wichtige Kenngrößen sind:
- Vorkenntnisse,
- Einstellungen,
- Erfahrungen,
- Motivation zum Thema sowie
- Erwartungen.

Teilnehmervoraussetzungen

Die Teilnehmervoraussetzungen wirken sich direkt auf den Unterricht und den Lernerfolg aus. Sie müssen im Unterricht berücksichtigt werden. Die Teilnehmervoraussetzungen lassen sich durch eine →Teilnehmeranalyse in Erfahrung bringen.

Trainer

Bezeichnung für den Lehrenden vor allem bei Themen, wo es um das Training von Fertigkeiten und Fähigkeiten geht.

Transfer

Umsetzung des Gelernten. Der Transferbezug sollte in jedem Unterricht vorhanden sein. Transfer lässt sich etwa unterstützen durch
- Beispiele und Fälle aus der Praxis sowie
- Übungen zur Anwendung des Gelernten.

U

Übung

Übungen sind ein notwendiger Bestandteil jedes Lernprozesses und damit jeden Unterrichts. Die Anleitung zu Übungen erfolgt durch →Arbeitsanweisungen oder →Arbeitsblätter.

Unterricht

Organisierte Form des Lernens. Der Dozent tritt als Vermittler im Lernprozess auf.

Unterrichtseinheit

Lerneinheit von 45 bis 90 Minuten Dauer, die die Phasen des Lernprozesses nachbildet. Zu einer Unterrichtseinheit gehören:
- →Motivation,
- →Orientierung,

216

– Vermittlung/Erarbeitung des Stoffs,

– →Übung sowie

– Kontrolle des Lernerfolgs.

Unterrichtsskizze

Schriftliche Unterrichtsplanung mit Angabe der

– Zielgruppe/Teilnehmer,

– Ziele,

– Vorgehensweise/Schritte,

– Methoden,

– Medien sowie

– Zeiteinteilung.

V

Veranschaulichung

Die Veranschaulichung unterstützt den Lernprozess. Es gibt zwei Formen:

1. *sprachliche* Veranschaulichung durch →Beispiele und →Vergleiche sowie

2. *bildliche* Veranschaulichung durch gezielten →Medieneinsatz.

Vergessen

Natürlicher Prozess beim Lernen. Durch →Übung und Anwendung des Gelernten kann dem Vergessen entgegengesteuert werden.

Vergleich

Hilfe zur Veranschaulichung vor allem abstrakter Zusammenhänge. Ein Vergleich muss aussagekräftig sein und aus dem Erfahrungsschatz der Teilnehmer stammen.

Verständlichkeit

Forderung an die Sprache des Dozenten und an alle schriftlichen Materialien. Wichtige Kriterien sind:

– einfache Begriffe,

– wenig Fremdwörter,

– Fachbegriffe erklären,

– einfache und kurze Sätze.

Video

Unterrichtsmedium mit hoher Anschaulichkeit. Kurze Videosequenzen sind im Unterricht meist sinnvoller als lange Filme. Bei längeren Sequenzen sollte der

Film zwischendurch angehalten und besprochen werden. Der Einsatz von Video ist methodisch am besten mit einem →Gespräch zu verbinden. Das Zeigen eines Videos ist aber auch als Einstieg zu einem →Vortrag, zu einer →Gruppenarbeit und zu einem →Rollenspiel möglich.

Visualisierung

Visuelle Darstellung von Zusammenhängen, meist unter Verwendung der vier hauptsächlichen Lehrmedien →Tafel, →Overheadprojektor, Stellwand sowie →Flipchart.

Vorstellung

Bestandteil der Einführungsphase eines Seminars. Die Vorstellung dient dem gegenseitigen Kennenlernen und bietet dem Dozenten erste Aufschlüsse über die →Teilnehmervoraussetzungen.

Vortrag

Neben dem Gespräch ist der Vortrag die am häufigsten eingesetzte Methode im Unterricht. Vorteil: Vermittlung vieler Informationen in kurzer Zeit. Nachteil: geringe Behaltensleistung, Gefahr der Überforderung der Teilnehmer. Anwendung: bei Themen, zu denen die Teilnehmer keine oder nur sehr geringe Vorkenntnisse und Vorerfahrungen haben.

Z

Zeitplanung

Genaue Planung des zeitlichen Bedarfs für die einzelnen Unterrichtsphasen. Prinzip: genau planen, bei Bedarf abweichen, nie den roten Faden verlieren.

Ziele des Unterrichts

Bei den Zielen des Unterrichts lassen sich unterscheiden:
– →Lernziele: das, was die Teilnehmer erreichen sollen
– Lehrziele: das, was der Dozent erreichen will

Zielkontrolle

Verfahren zur Bestimmung des Erfolgs eines Unterrichts, des Lernergebnisses der Teilnehmer und damit verbunden der Qualität des Unterrichts. Möglich sind Fragen oder Aufgaben, Selbstkontrollen durch den Teilnehmer oder Kontrollen durch den Dozenten, mündliche Kontrollen sowie schriftliche Kontrollen.

Literaturverzeichnis

Birkholz, Waldemar und Günter Dobler: *Der Weg zum erfolgreichen Ausbilder.* Edewecht, Wien: Stumpf und Kossendey 2001

Döring, Klaus Wolf und Bettina Ritter-Mamczek: *Lehren und Trainieren in der Weiterbildung.* Weinheim: Beltz 2001

Flechsig, Karl-Heinz: *Kleines Handbuch didaktischer Modelle.* Eichenzell: Neuland Verlag für lebendiges Lernen 1996

Meier, Rolf: *Seminare erfolgreich planen.* Offenbach: GABAL Verlag 2003

Seifert, Josef W.: *Visualisieren – Präsentieren – Moderieren.* 18. überarbeitete und erweiterte Auflage. Offenbach: GABAL Verlag 2002

Wahl, Diethelm, Willi Wölfing, Gerhard Rapp, Dietmar Heger: *Erwachsenenbildung konkret.* 4. Auflage Weinheim: Beltz 1995

Stichwortverzeichnis

Abfrage der Erwartungen 23
Abkürzungen 42
Ablenkungen 130
Abwehrmöglichkeiten 172
Alternativfragen 71, 173
Ängste 131
Antworten 77
Appell 140
Aufgabe, arbeitsgleiche 87
Aufgabe, arbeitsteilige 87
Aufgabenstellung 87
Äußerungen von Teilnehmern 144
Aussprache 47
Auswertung 198
Auswertungsbogen 190

Beamer 107
Befürchtungen 131
Begrüßung 17
Behauptung, verpackte 173
Beschwerdegespräch 180
Betonung 47

Choleriker 179

Dialekt 47
Diskutieren, schriftliches 116

Einwandvorwegnahme 39
Einzelarbeit 90, 91, 94
Erfahrungen der Teilnehmer 54
Ergebnisse 90
Erste Minuten 13

Experimente 55

Fachbegriffe 42
Fachgespräche 68
Fallen, semantische 175
Fangfrage 173
Farben 103
Feedback 163
Flipchart 105
Folien 103
Frage, einleitende 73
Frage, Entscheidungs- 71
Frage, geschlossene 71
Frage, Grundformen der 70
Frage, Motivations- 74
Frage, offene 71
Frage, rhetorische 72
Frage, steuernde 74
Frage, Suggestiv- 72
Frage, W- 70
Frageimpuls 73
Fragen stellen 54
Frei sprechen 44
Fremdwörter 42
Frühwarnsystem 192
Frustrationen 162
Füllwörter 42, 47

Gefühlsappelltaktik 174
Gespräch, darstellend-entwickeln- des 62
Gespräch, fragend-entwickelndes 62

Gespräch, freies 62, 66

Gespräche, Rahmenbedingungen für 64

Gesprächsführung 65

Gestik 50

Gruppenarbeit 88, 89, 93, 94

Gruppenspiegel 21

Hinweise zur Methodik 25

Informationsdichte 44

Kartenabfrage 23, 115, 189

Kette 36

Kettenfragen 75

Konflikte 161

Konfliktgespräch 180

Konzentration, fehlende 130

Körpersprache 52

Kritikgespräch 180

Lampenfieber 12

Lautstärke 46

Layout 103

Lehrgespräche 62

Lehrmedien 102

Meinungsabfrage 63

Metakommunikation 163, 164

Mimik 50

Missverständnisse 162, 163

Motivation 25, 124

Motivation, extrinsische 125

Motivation, intrinsische 125

Motivation, mangelnde 128

Motivationssteigerung 126, 127

Motive 124

Müdigkeit 130

Nervosität 12

Normverletzungen 162

Organisatorische Hinweise 21

Orientierung 25

Orientierungshilfe 15

Overheadprojektor 102

Partnerarbeit 92, 94

Partnerinterview 21

Partnerschaftlicher Umgang 15

Planspiele 95, 96

Problemgespräch 180, 182

Problemlöseformel 37

Punktabfrage 113

Relevanz des Lernstoffs 129

Rollenspiele 95

Schaffen von Kontakt 49

Schriftgrößen 103

Schriftsprache 44

Schweiger 179

Selbstmitteilung 140

Selektion 38, 39

Sicherheit 12

Sitzverhalten 52

Sprechpausen 46

Sprechtempo 46

Steckbrief 20

Stehverhalten 52

Stellwand 106

Stichworte 45

Stimmlage 46

Strichstärken 103

Struktur 34

Strukturierung 34

Synthese 39

Teilnehmer 193

Teilnehmer, aggressive 179

Teilnehmer, schwierige 178

Teilnehmer, stille 66

Teilnehmer, unfreiwillige 128

Themenanalyse 189

Themenspeicher 116

Tonhöhe 46

Transferbogen 194

Transferbrief 194

Überblick 26

Überforderung 130, 162

Übertreiben 175

Übungen 86, 88

Unbehagen 162

Unsicherheit 162

Unterbrechungen 67

Unterforderung 130, 162

Verdrehungstaktiken 174

Vielredner 179

Vorbildfunktion des Dozenten 144

Vorstellung 19

Vorstellung der Teilnehmer 20

Vorstellungsrunde 20

Werte raten 55

Ziele 22

Zurufabfrage 23, 114, 189

Gesellschaft zur Förderung
Anwendungsorientierter
Betriebswirtschaft und
Aktiver
Lehrmethoden in Hochschule und Praxis e.V.

Was wir Ihnen bieten

* Kontakte zu Unternehmen, Multiplikatoren und Kollegen in Ihrer Region und im GABAL-Netzwerk
* Aktive Mitarbeit an Projekten und Arbeitskreisen
* Mitgliederzeitschrift *impulse*
* Freiabo der Zeitschrift wirtschaft & weiterbildung
* Jährlicher Buchgutschein
* Teilnahme an Veranstaltungen der GABAL und deren Kooperationspartner zu Mitgliederkonditionen

Unsere Ziele

Wir vermitteln **Methoden und Werkzeuge**, um mit Veränderungen kompetent Schritt halten zu können und dabei unternehmerische und persönliche Erfolge zu erzielen. Wir informieren über den aktuellen Stand **anwendungsorientierter Betriebswirtschaft**, fortschrittlichen Managements und menschen- und werteorientierten Führungsverhaltens. Wir gewähren jungen Menschen in Schule, Hochschule und beruflichen Startpositionen **Lebenserfolgshilfen**.

Klicken Sie sich in unser Netzwerk ein!

mailen Sie uns:
info@gabal.de
oder rufen Sie uns an:
06132 / 50 95 90
Besuchen Sie uns im Internet:

www.gabal.de